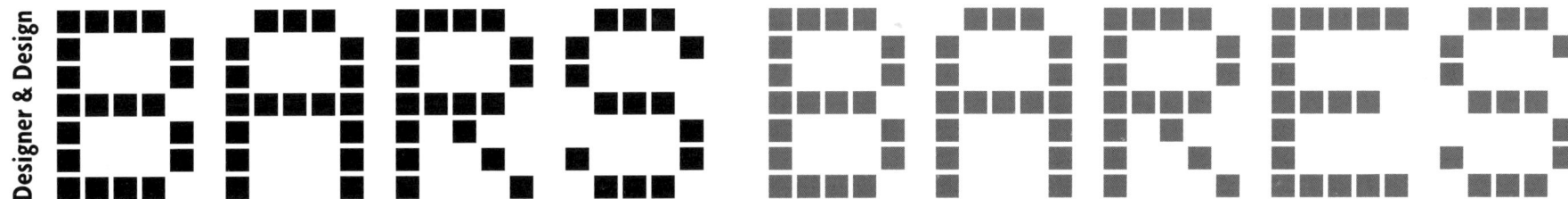

Designer & Design BARS BARES

Arquitectura y diseño

H KLICZKOWSKI

Designer & Design

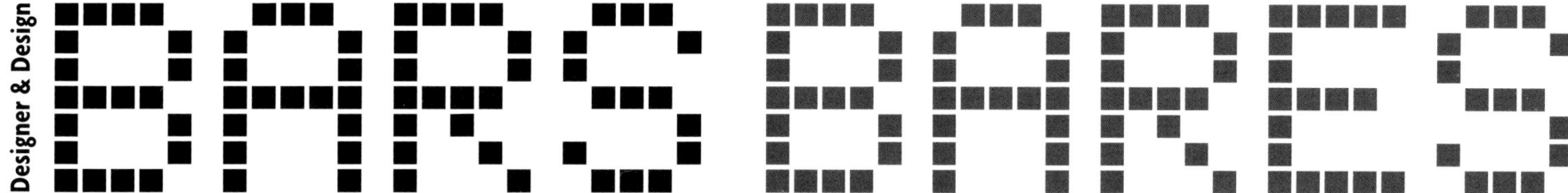

BARS BARES

Arquitectura y diseño

Idea and concept / **Idea y concepto**: Paco Asensio, Hugo Kliczkowski

Editor and text / **Editora y texto**: Encarna Castillo

Editor in chief / **Editora jefe**: Haike Falkenberg

Copy editing / **Corrección y edición**: Susana González, William Bain

English translation / **Traducción al inglés**: Madeline Carey, William Bain

Art Direction / **Dirección de arte**: Mireia Casanovas Soley

Layout / **Maquetación**: Ignasi Gracia Blanco

Research / **Documentación**: Marta Casado

Copyright for the international edition / **Copyright para la edición internacional**:
© H Kliczkowski-Onlybook, S.L.
La Fundición, 15. Polígono Industrial Santa Ana
28529 Rivas-Vaciamadrid. Madrid
Tel.: +34 91 666 50 01
Fax: +34 91 301 26 83
onlybook@onlybook.com
www.onlybook.com

ISBN: 84-96241-06-8
DL: B-48604-03

Editorial project / **Proyecto editorial**

LOFT Publications
Via Laietana, 32 4º Of. 92
08003 Barcelona. Spain
Tel.: 0034 932 688 088
Fax: 0034 932 687 073
e-mail: loft@loftpublications.com
www.loftpublications.com

Printed by / **Impreso en**: Anman Gràfiques del Vallès, Spain

2004

Artificial paradises Paraísos artificiales ≪ 6

Today's bars are set up, along with other establishments, as temples of leisure for contemporary society. They also constitute one of the motors of innovation and a display case for the latest trends. The design of these spaces makes them spontaneous and anonymous runways for showing off clothes as well new attitudes and social behaviors.

Each bar is born with a different goal and personality: there are bars whose aim is to network clients, others that provide small out-of-the-way spaces where people can enjoy a bit of privacy but still be close to the action... Some bars focus on a clientele with lots of purchasing power, others on a more mixed group without so much money. There is no shortage of diversity and the scene is international.

Nowadays, bars are also places where architects and designers can experiment. The function and purpose of these places give architects and interior designers freedom and offer them the opportunity to make up for tight budgets by using lots of imagination. On recent innovation is the predisposition for architecture and design to go beyond normal limits, complementing one another and blurring their own lines like the work of the group of Swiss designers and architects, Atelier Oï, that appears in the pages of this book. Inexpensive means and the use of fantasy and imagination, along with new architectural experiments are some of the defining characteristics in the interior design of many of the bars designed recently.

Traditionally, the design of such places has gone hand in hand with aesthetic changes and the evolution of architecture and design. It has all served as a collective exponent of new ways of understanding both fields allowing for the postulate of theories and trends in spaces in constant flux. This was a common phenomenon in the twentieth century: Art Deco bars from the beginning of the twentieth century exemplified an artistic school, with parallel trends in housing alongside the newly proposed trends in bars which are still an innovation for domestic space today. In some of these cases the proposals of designers and architects like Karim Rashid or Ora-Ïto for an architecture in which light replaces form as a way to shape space, demonstrate other ways of understanding architecture itself as well as the bar as a social space. In both cases light is the tool through which volume is given shape while other, more traditional methods fade from the limelight.

The examples shown in this book illustrate the way in which bars, nowadays, with different aesthetics coexist and usually share in breaking the boundaries of traditional spaces: you can eat dinner sprawled out in a chill out room, large spaces that hold restaurants and bars so that the evening extends well into the night, theme bars, etc. The bars in this book illustrate the new attitudes of architects and designers: in many cases the desire is not just to show off the latest uniform trends that often decrease the client's comfort—like in the 80's— but rather that the personal design focuses on providing maximal comfort, as in the case of Danish designer Johannes Torpe, who makes use of soft curves in furnishings and architecture in hope of creating an artificial paradise here on earth.

Los bares de la actualidad se erigen, entre otros tipos de establecimientos, como templos del ocio de las sociedades contemporáneas, además de constituir uno de los motores de innovación y escaparate de nuevas tendencias –tanto de diseño de espacios o pasarela improvisada para la exhibición espontánea y anónima de ropa, como de actitudes o comportamientos sociales–.

Cada bar nace con un objetivo y personalidad diferentes: hay bares cuya finalidad es interconectar a los clientes, otros que proporcionan pequeños espacios aislados en donde poder disfrutar de la intimidad a la vez que se está envuelto en el bullicio general; también hay bares enfocados a una clientela de gran poder adquisitivo, y otros, a un público más variopinto y de menor capacidad económica. La diversidad es amplia y se encuentra presente en la mayoría de las ciudades de todo el mundo.

Tradicionalmente, el diseño de bares ha sido fiel reflejo de los cambios de estética, lo que ha permitido el postulado de teorías y tendencias en espacios que se encuentran en un cambio permanente, fenómeno que ha sido más patente en el siglo XX: de los bares art déco de principios de siglo que ejemplificaban una corriente artística, con ejemplos paralelos en viviendas, a las nuevas tendencias propuestas en bares y que aún son una innovación para el espacio doméstico. En la actualidad, sin embargo, los bares son idóneos espacios de experimentación para diseñadores y arquitectos. El uso y la finalidad del local permiten libertad al creador de interiores y la posibilidad de suplir con grandes dosis de imaginación la carencia de presupuestos generosos. Por otra parte, el diseño y la arquitectura presentan recientemente una gran predisposición para sobrepasar los límites comunes, complementándose y borrando sus propias fronteras; esto es lo que sucede con el grupo de arquitectos y diseñadores suizos de Atelier Oï, presentes en este libro con uno de sus trabajos.

Algunos de los rasgos que definen el diseño de interiores de bastantes de los bares proyectados en los últimos tiempos son la economía de medios y el empleo de la fantasía y la imaginación, además de nuevas experimentaciones en la arquitectura. Por ejemplo, Karim Rashid u Ora-Ïto proponen una arquitectura en la que la luz sustituye a la forma para modelar el espacio y muestra otros conceptos de entender tanto lo que es la arquitectura en sí como el bar en tanto que espacio social; la luz es la herramienta a través de la cual se crea y se da forma al volumen de espacio disponible, y quedan anulados otros procedimientos tradicionales.

Los ejemplos mostrados en el presente libro ilustran cómo, en nuestra época, conviven bares de diferentes estéticas pero que en la mayoría de las ocasiones comparten la ruptura de fronteras entre los espacios tradicionales: bares en donde es posible cenar tumbados en un chill out, grandes espacios que albergan restaurantes y establecimientos para prolongar la velada después de la cena sin la necesidad de salir a la calle para buscar otro lugar, bares con connotaciones de parque temático, etcétera. Los locales aquí mostrados ilustran nuevas actitudes de diseñadores y arquitectos; en muchos casos el deseo ya no es simplemente mostrar en este espacio las últimas y uniformes tendencias estéticas en detrimento de la comodidad del cliente –como en la década de los ochenta–, sino que el personal diseño se encuentra enfocado a proporcionarle el mayor confort, como es el caso del diseñador danés Johannes Torpe, quien se sirve de suaves curvas en el mobiliario y la arquitectura con el objetivo de crear un paraíso artificial en la tierra.

8

>> The World Bar

NEW YORK, USA

NUEVA YORK, EE.UU.

>> **Address:** 845 United Nations Plaza, New York, USA

>> **Architect:** Arthur de Mattos Casas

>> **Photography:** Tuca Reinés

>> **Dirección:** 845 United Nations Plaza, Nueva York, EE.UU.

>> **Arquitecto:** Arthur de Mattos Casas

>> **Fotografías:** Tuca Reinés

The interior design of the World Bar is the work of Brazilian architect Arthur de Mattos Casas, who has brought a little bit of the spirit of Brazil to the Big Apple by providing this part of New York with major doses of glamour and also by aiming for sophistication in the decorating and the clientele.

The interior is a mixture of tradition and modernity due to the diverse cultural combinations of materials and designs and the blend of American and Brazilian culture. The resulting ambience is sleek, elegant and contemporary.

There are seats along the traditional oak paneling on the lower part of the wall. The paneling goes with the smooth concrete and the lack of ornamental details except for the lamps on the upper part of the wall that provide subdued lighting.

In this ample area the architect took advantage of the supporting columns from the floor above, integrating them into the decorating and converting them into the backs of the seats they surround: he exploits the resources of the space and creates ornamental elements.

The unique Giacometti brass tables imported from Brazil provide the characteristic feature of the bar and create a new combination: classicalism and exoticism, along with urbanity and Mother Nature on the streets of New York.

The double windows, which take up the entire façade, allow for a certain voyeurism; the exterior and interior also encourage the most frequent activity in any bar: watching and being watched.

The tones used in the bar—beige, brown and gray—along with the soft lighting, provide the ambience with warmth and intimacy.

The World Bar

El interiorismo del World Bar ha estado a cargo del arquitecto brasileño Arthur de Mattos Casas, quien ha trasladado a la gran manzana un poco del espíritu de Brasil al aportar grandes dosis de glamour a esta área de Nueva York y ha asumido como objetivo –en la decoración del local y en su clientela– alcanzar la sofisticación.

El interior es una mezcla de tradición y modernidad gracias a las diversas combinaciones de materiales y diseños, y de la convivencia de las culturas estadounidense y brasileña; el resultado es un ambiente limpio, elegante y contemporáneo.

La parte inferior de las paredes está recubierta de tradicionales paneles de roble –donde se encuentran los asientos adosados a la pared–, que combinan con el hormigón liso y desnudo de detalles ornamentales –a excepción de las lámparas, que, de forma indirecta, iluminan el local– de la parte superior de la pared.

En la amplia superficie se han aprovechado las columnas de soporte del piso superior, integrándolas en la decoración y convirtiéndolas en respaldos de los asientos que las rodean: de esta manera se aprovecha el espacio y se crean elementos decorativos.

Las singulares mesas Giacometti –de latón e importadas de Brasil– aportan el rasgo característico del bar y dan lugar a una nueva combinación: clasicismo y exotismo, junto a urbanidad y naturaleza, sobre el asfalto de Nueva York.

Las ventanas dobles, que ocupan toda la fachada, permiten cierto voyeurismo; el exterior y el interior también combinan el ejercicio que más frecuentemente se desarrolla en un bar: observar y ser observado. Los tonos empleados en el local son beiges, marrones y grises, tonalidades que, junto a la suave iluminación, otorgan calidez e intimidad al ambiente.

The second-floor ceiling is
covered in laminated soffits done
in oak, just like the wood
paneling on the walls.

El techo del segundo nivel se
encuentra recubierto de plafones
laminados de la misma madera
de roble con que se han recubierto
las paredes.

The bar is divided into two
floors where the decorating
follows a continuous line; there
is no separation between spaces
and the whole place has the same
atmosphere.

El local se encuentra dividido
en dos plantas, en las que la
decoración ha seguido una línea
continuista; no se ha practicado
diferenciación de espacios y toda
la superficie disfruta de la misma
atmósfera.

14

>> Cabaret

PARIS, FRANCE

Jardin du Palais Royal

Rue de Richelieu

Rue de Valois

Rue Croix de Petits Champs

Rue du Louvre

Rue St. Honore

Rue de Rivoli

Place du Carrousel

Cour Napoleon

Quai du Louvre

PARÍS, FRANCIA

>> **Address:** 2, Place du Palais Royal, Paris, France

>> **Architect:** Ora-Ïto

>> **Photography:** Javier Urquijo/Omnia

>> **Area:** 15,010ft²

>> **Dirección:** 2, Place du Palais Royal, París, Francia

>> **Arquitecto:** Ora-Ïto

>> **Fotografías:** Javier Urquijo/Omnia

>> **Superficie:** 1.395 m²

The CAB is a new space inside the Cabaret restaurant central Parisian that expands the size of this establishment but stays true to the original style. The result is a science-fiction set with aesthetic elements taken from Stanley Kubrick films. The radical architecture is by no means incompatible with rational uses or practicality.

The goal was to recreate the ambience of a traditional cabaret but bring in a Futurist atmosphere with the intention of uniting past and present through sensuality and lighting that visually manipulate the space. The monochromatic horizontal lines, parallel to the long armchairs, allow the designers to play with the lighting and the perspective. The space seems sculpted by light and color, instead of interior architectural techniques. In order to strengthen the possibilities of the interiors Ora-Ïto relies on mirrors, which expand the different chromatic tones and manipulate the atmosphere, exploring different ways to work the space: tenuous lights that combine with electrifying lights personalize the space and create scenographic theaters; on the whole, the illumination is experimental and fun.

The architecture was inserted in the architectonic structure itself when smaller spaces were created within the larger construction, and when some geometrically-shaped fissures, which guide the guests as they move about the club, were installed in the ceiling.

The decorative elements are simple and this benefits the atmosphere and the color: their absence does not represent austerity but rather a complement to the design and architecture.

Cabaret

El CAB es un nuevo espacio ubicado dentro del restaurante Cabaret, en el centro de París, que amplía la superficie de ese local permaneciendo fiel a su decoración. El resultado final es un decorado de ciencia ficción con elementos estéticos de las películas de Stanley Kubrick. La radical arquitectura no es incompatible con el uso racional de ésta y la funcionalidad del local. El objetivo del diseño es recrear el ambiente de un cabaret tradicional, pero aportando una atmósfera futurista con la intención de aunar pasado y presente, mediante la sensualidad y un juego de luces que manipula visualmente el espacio. Las líneas horizontales, en paralelo a los largos sillones, tratadas monocromáticamente, permiten jugar con la iluminación y la perspectiva. El espacio parece esculpido por la luz y los colores más que por las técnicas de la arquitectura de interiores. Para potenciar las posibilidades de los interiores, Ora-Ïto se apoya en el uso de espejos, elementos que expanden las distintas tonalidades cromáticas y manipulan la atmósfera explorando diferentes maneras de esculpir y trabajar el espacio: luces tenues que combinan con luces electrizantes personalizan el espacio y crean teatrales escenografías; en conjunto, el uso que se hace de la luz es lúdico y experimental.

La arquitectura se inserta en la misma estructura arquitectónica al crear unos espacios más pequeños dentro de la superficie general y al practicarse en el techo unas hendiduras de formas geométricas que sirven de orientación para ir de un lugar a otro por el local.

Los elementos decorativos se han simplificado en beneficio de la atmósfera y el color: la ausencia de ellos no representa austeridad, sino complemento del diseño y de la arquitectura.

The spirit of the old cabaret
was recaptured thanks to the
re-creation of a sensual
atmosphere strengthened by
the color red and independent
areas along the bar.

El espíritu del antiguo cabaret
ha sido recuperado gracias
a la recreación de una atmósfera
sensual potenciada por el color
rojo y áreas independientes junto
a la barra.

>> Sketch

LONDON, UK

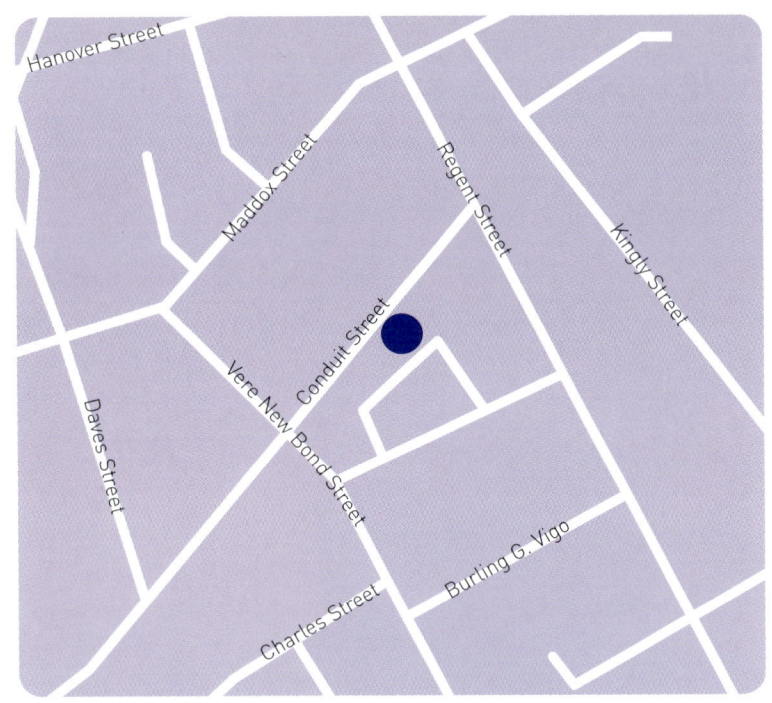

LONDRES, REINO UNIDO

>> **Address:** 9 Conduit Street, London, UK

>> **Design:** M. Newson, R. Arad, G. O'Keefe, N. Duchaufour Lawrence, C. Levine, M. Yaqub, J. Bey, V. Leroy

>> **Photography:** Ken Hayden/Omnia

>> **Dirección:** 9 Conduit Street, Londres, Reino Unido

>> **Diseño:** M. Newson, R. Arad, G. O'Keefe, N. Duchaufour Lawrence, C. Levine, M. Yaqub, J. Bey, V. Leroy

>> **Fotografías:** Ken Hayden/Omnia

Sketch is located in an old house in the center of London, very close to Oxford Circus; it has two bars, two restaurants and a bakery. The aesthetic and design of the place was created by many designers of international renown, like Ron Arad and Marc Newson among others.

The entrance hall is an arched space with a series of cavities to the left, where the designers installed sculptures by Jurgen Bey, part of the Dutch design team Droog, who work with common objects lined with elastic skins. Although the original shapes of these objects are still visible, the details have been hidden beneath their new packaging, which provides a new texture and appearance. The table at the entrance was designed by Ron Arad.

The West Bar, on the floor beneath the entrance area, takes up three original rooms of the old house and the courtyard of the old stables in the back of the building which have been converted into a glassed-in gallery. The space is a long room with a glazed ceiling and a white tile floor that defines the space.

The East Bar, on the first floor, is another of the exterior spaces converted into a covered area. The space is oval-shaped and in the interior an inflatable plastic bench goes around the whole perimeter with a bar in the middle. The establishment also has a spot for art exhibitions, The Gallery.

The combination of the color white and plastic as the prevailing material gives the place a Futurist feel. The use of light is indirect and enveloping, focused overall on creating seductive atmospheres.

Sketch

El Sketch ocupa una antigua vivienda del centro de Londres, muy cerca de Oxford Circus, y cuenta con dos bares, dos restaurantes y una pastelería. La estética y el diseño del local han sido creados por varios diseñadores de gran renombre internacional como Ron Arad o Marc Newson, entre otros.

El vestíbulo de la entrada es un espacio arcado con una serie de cavidades a la izquierda, en donde se han instalado esculturas de Jurgen Bey –del equipo de diseñadores holandeses Droog, quienes trabajan con objetos comunes forrados de pieles elásticas–; aunque las formas originales de estos elementos son todavía visibles, los detalles han sido ocultados tras el nuevo envoltorio, que le otorga así una nueva textura y apariencia. La mesa de la entrada es un diseño de Ron Arad.

El bar Oeste, que se halla en una planta inferior al vestíbulo y que ocupa tres habitaciones de la antigua vivienda y el patio de los antiguos establos y caballerizas ubicados en la parte trasera del edificio –ahora convertidos en galería acristalada–, es una larga habitación de techo acristalado y suelo de terrazo blanco que delimita el espacio. El bar Este, en la planta principal, es otro de los espacios exteriores reconvertidos en áreas cubiertas. La superficie que ocupa presenta una forma ovalada en cuyo interior una banqueta de plástico hinchable rodea todo el perímetro y hay una barra de bar situada en el centro de la estancia. El local cuenta también con un lugar dedicado a exposiciones de arte, llamado La Galería.La combinación del color blanco y del plástico como material predominante dota al local de un aspecto futurista. El uso de la luz es indirecto y envolvente, enfocado sobre todo a la creación de atmósferas sugerentes.

Surrounding the circular
East Bar on the street level,
there are 12 egg-shaped
stalls. The mirrors and
sinks run along the perimeter.

Alrededor del bar Este —una
estructura circular— y en la
planta del entresuelo, se han
colocado 12 figuras en forma
de huevo que acogen aseos
individuales. En el perímetro
se han instalado los espejos
y los lavabos.

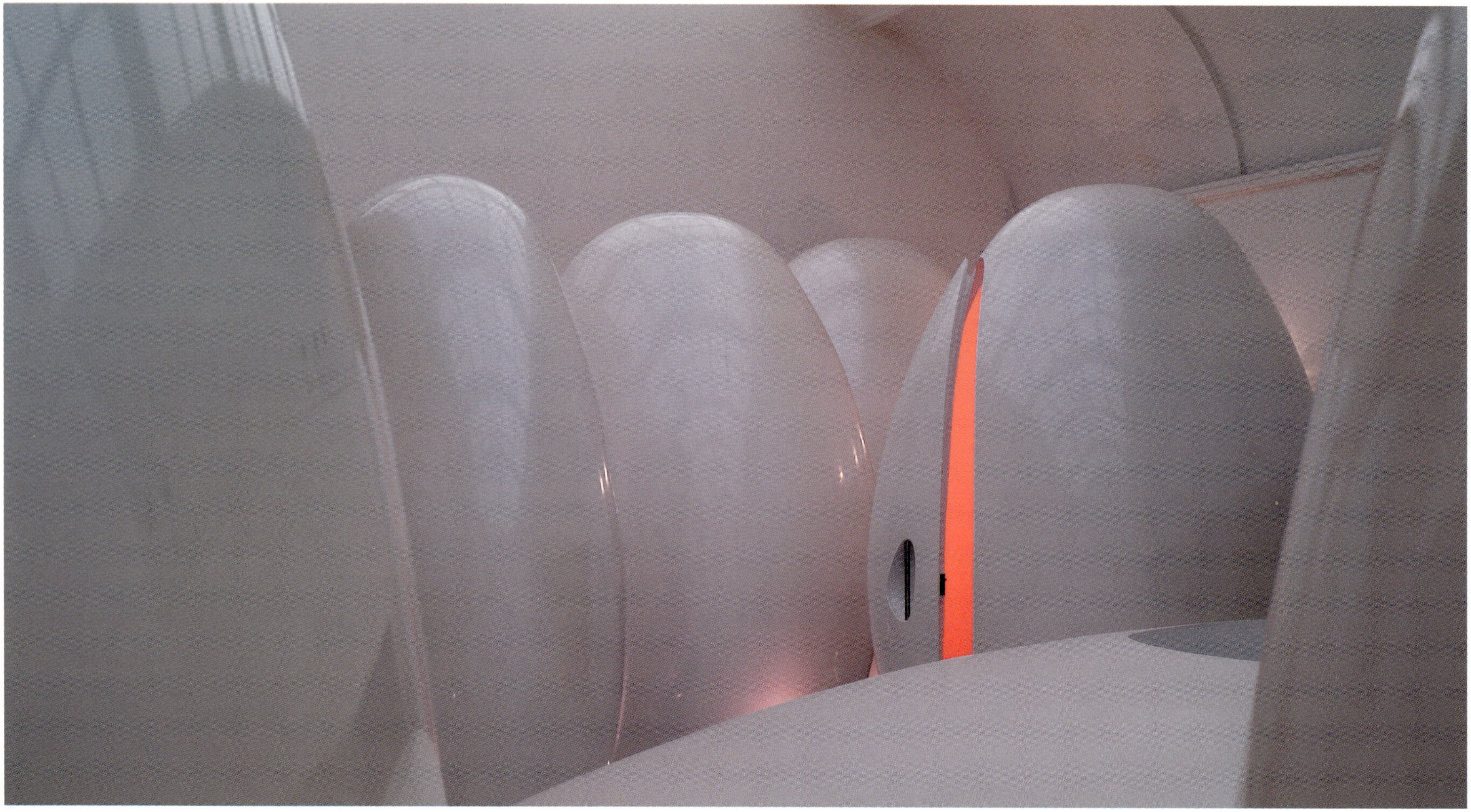

The design aim is
to offer the visitor a soft,
easy-going, tender ambience
and provide relaxation as well
as excitement.

El objetivo del diseño es
ofrecer al visitante una atmósfera
de suavidad, libertad y ternura,
y proporcionarle descanso y emoción.

26

>> Universum Lounge

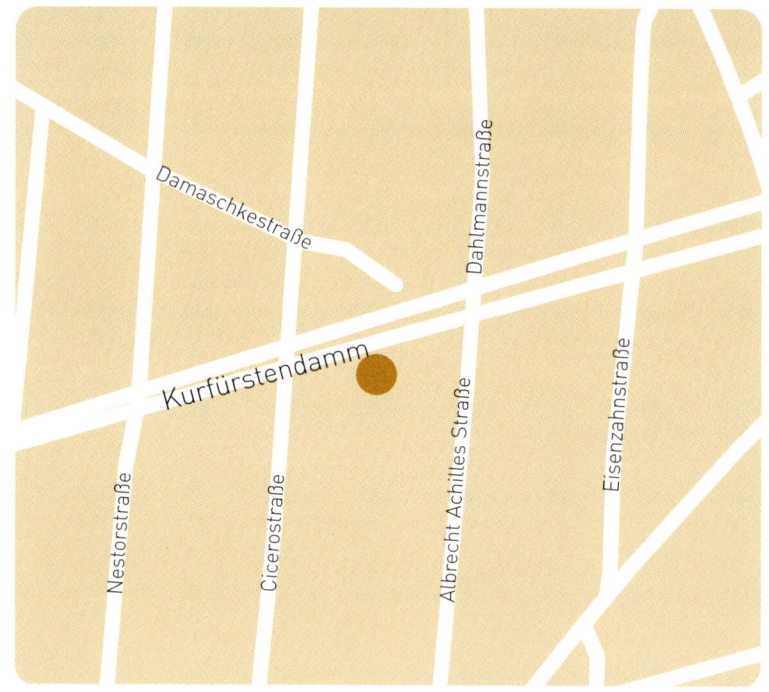

BERLIN, GERMANY

BERLÍN, ALEMANIA

>> Address: Kurfürstendamm 153, Berlin, Germany

>> Architects: Plajer & Franz Studio

>> Photography: Karl Bongartz

>> Area: 936ft²

>> Dirección: Kurfürstendamm 153, Berlín, Alemania

>> Arquitectos: Plajer & Franz Studio

>> Fotografías: Karl Bongartz

>> Superficie: 87 m²

In Berlin, which has a fascinating architectural past, historic buildings are renovated to meet contemporary necessities. This is precisely case of the site where the Universum Lounge is located: a Bauhaus building built by Erich Mendelsohn in 1920's. The team from Plajer & Franz Studio used different contemporary versions of Art Deco materials to transform a movie theater into a lounge. Since the fall of the Berlin Wall, nightlife from West Berlin has been drifting over to the eastern part of the city and new clubs have popping up in this decidedly modern scene.

The historical importance of the city marked the choice of materials, many of which are the contemporary versions of those used in the 20's, such as brass brushes, the plywood along the back of the bar, the limestone flooring and the teak bar counter. However, the effect is not Art Deco, but more like a 1960's casino. In the words of the architectural team, the result is "James Bond lost in space." Clearly defined shapes and unusual materials provide the base for the design of the bar.

The windows on the façades have brass bead curtains, and the wallpaper painted in gold tones evokes moonscapes. Brown and white imitation leather stools reinforce this retro feeling of the moonwalk era of the 60's.

Universum Lounge

Berlín es una ciudad con un interesante pasado arquitectónico en donde los edificios históricos se actualizan a las necesidades contemporáneas; este es el caso del emplazamiento en el que se encuentra el Universum Lounge: un edificio Bauhaus construido por Erich Mendelsohn en los años veinte. Por ello, el equipo de Plajer & Franz Studio ha utilizado versiones contemporáneas de materiales art déco para transformar un cine en un lounge. Desde la caída del muro de Berlín, la actividad nocturna de la parte oeste de la ciudad se ha ido desplazando, poco a poco, hacia la zona este de la ciudad, y se han creado nuevos centros de ocio dentro de la más estricta modernidad.

La importancia histórica del edificio marcó la elección de los materiales, muchos de ellos son versiones contemporáneas de los utilizados en los años veinte, como el cepillo de latón, los contrachapados de la parte delantera del bar, la piedra caliza para el suelo, así como madera de teka para la barra del bar. Sin embargo, el efecto no es art déco, sino que más bien se asemeja a la estética de un casino de los años sesenta. El ambiente resultante es, en palabras del equipo de arquitectos, similar a "James Bond perdido en el espacio". Las formas claras y los materiales inusuales son la base del diseño del bar.

Las ventanas de la fachada están vestidas con cortinas de cuentas de latón, y el papel pintado de tonos dorados utilizado evoca los paisajes lunares. Para reforzar esta sensación de viaje lunar en plena década de los sesenta, se han empleado los tonos marrones y blancos imaginables en un paseo selénico para la imitación del cuero.

Multiple layers of gold applied
to the thin teak panels of the
bar, and the sinuous shapes
recreate the atmosphere of a
1960's casino.

Las múltiples capas del tono dorado
aplicado a las estrechas láminas
de madera de teka de la barra del
bar y las formas sinuosas permiten
recrear la atmósfera de un casino
de la década de los sesenta.

On the walls, light boxes
frame moonscapes and other
images of outer space.
The seats against the wall
look like airplane seats.

En las paredes se han instalado
cajas de luz con diapositivas
de paisajes lunares e imágenes del
espacio. Los asientos adosados
a la pared se asemejan a los
utilizados en los aviones.

32

>> J-Pop Odaiba

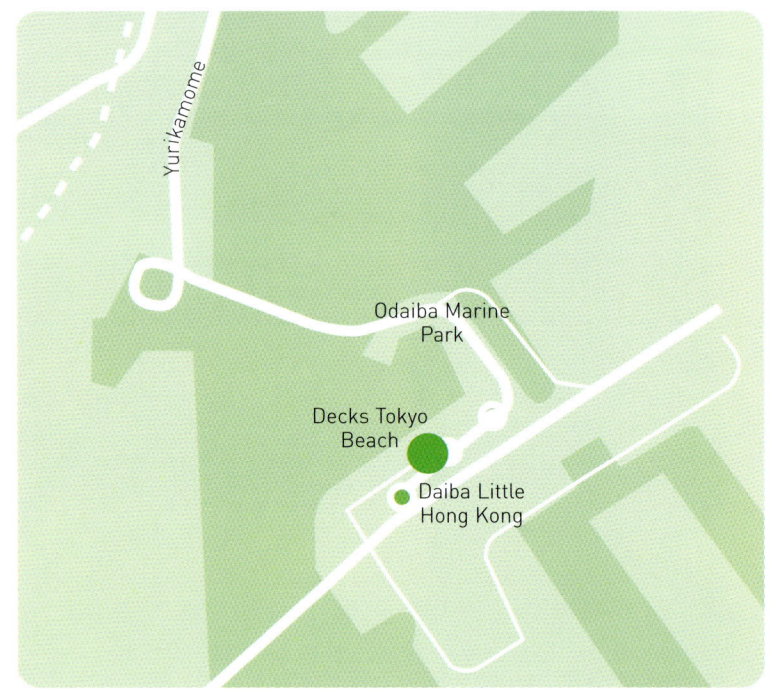

Yurikamome

Odaiba Marine Park

Decks Tokyo Beach

Daiba Little Hong Kong

TOKYO, JAPAN

TOKIO, JAPÓN

>> **Address:** Decks Tokyo Beach, 1-6-1 Daiba, Tokyo, Japan

>> **Designers:** Katsunori Suzuki/Fantastic Design Works Inc.

>> **Photography:** Nacása & Partners

>> **Area:** 6,725ft²

>> **Dirección:** Decks Tokyo Beach, 1-6-1 Daiba, Tokio, Japón

>> **Diseñador:** Katsunori Suzuki/Fantastic Design Works Inc.

>> **Fotografías:** Nacása & Partners

>> **Superficie:** 625 m²

The club, located in Decks Tokyo Beach, a huge indoor entertainment complex, is divided into two large areas: one offers bar and fast food service, the other is a restaurant. The owner, a Japanese music video producer, wanted to showcase his company's latest productions along with contemporary Japanese culture—its artistic as well as gastronomic creations. To counteract the indoor location, Katsunori Suzuki's team based the design on detailed organic shapes whose colors match the constantly changing light. They used the roots of a tree trunk as a reference when designing the shapes.

You can enter and exit the J-Pop Odaiba through two access areas in a wall made of 2000 plastic balls with built-in green lighting—the first glimpse of the club's futurist aesthetic. The bar counter, against one side of this wall, is made of fiberglass reinforced gypsum (GRG). The walls and ceilings are also done in reinforced fiberglass as well as resin-glazed tiles. The ceilings are open, making for a theatrical atmosphere. Dramatic, colored LED lighting has been installed in metal structures hanging from the ceiling.

The bar counter serves as a divider, suggesting three different routes through the club and also marking off the kitchen.

J-Pop Odaiba

El local, ubicado en el Decks Tokio Beach –un establecimiento interior dedicado al ocio–, se encuentra dividido en dos grandes zonas: una destinada a bar y comida rápida y otra a restaurante. El objetivo de este espacio, propiedad de una productora japonesa de vídeos musicales, es servir de muestrario de los últimos lanzamientos de esta compañía y mostrar la cultura contemporánea japonesa tanto en sus creaciones artísticas como gastronómicas.

Para contrarrestar la localización interior, el equipo de Katsunori Suzuki se inspiró en las múltiples formas orgánicas que ofrece el mundo vegetal: la incidencia de la luz en estos elementos de la naturaleza ofrece multitud de tonalidades cambiantes.

El J-Pop Odaiba tiene un doble acceso: en la entrada principal, un muro con luz interior de color verde y decorado con 2.000 pelotas de plástico incrustadas en la superficie anuncia la estética futurista del local. La barra del bar, que se encuentra a un lateral de este muro, ha sido fabricada con fibra de vidrio reforzada con yeso. Las paredes y los techos también son de fibra de vidrio reforzada y azulejos sobre los que se ha aplicado resina. Por su parte, los techos son abiertos, con lo cual se potencia una atmósfera de teatralidad y se aprovecha este espacio para colocar estructuras metálicas en donde instalar un sistema de iluminación escenográfica que utiliza LED –siglas de diodo emisor de luz, diminutos puntos de luz que funcionan a bajo voltaje–.

La barra actúa como elemento divisorio del espacio al surgir de ella tres recorridos diferentes por el local, a la vez que delimita la cocina.

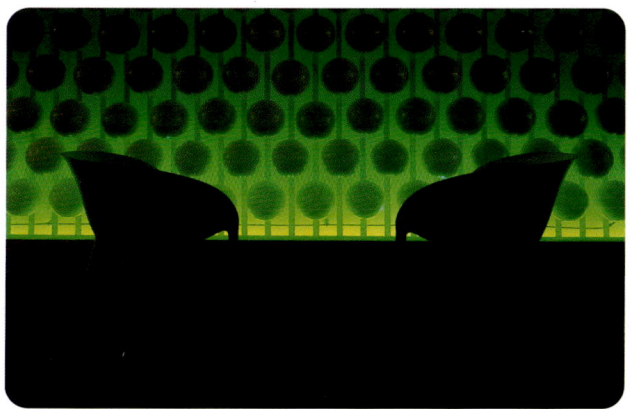

The seating includes models by
three different big-name
designers: Oh-Chair by Karim
Rashid, Paton Chair by Verner
Paton and the Soft Egg Pouf by
Philippe Starck.

Para los asientos se han utilizado
tres modelos de grandes diseñadores:
Silla-Oh, de Karim Rashid; Silla
Paton, de Verner Paton, y el puf
Huevo Suave de Philippe Starck.

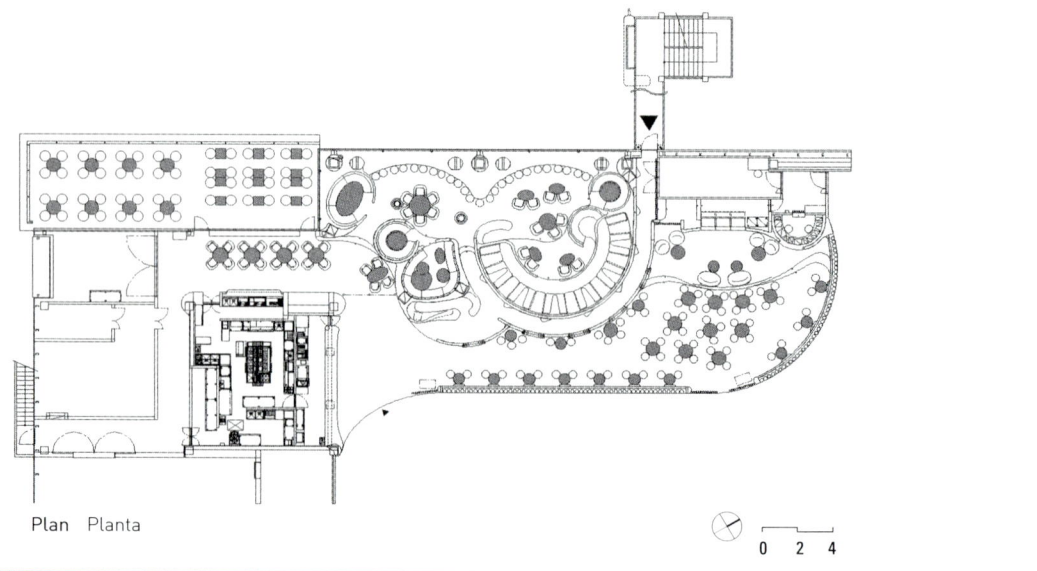

Plan   Planta

0   2   4

The design aim is
to offer the visitor a soft,
easy-going, tender ambience
and provide relaxation as well
as excitement.

El objetivo del diseño es
ofrecer al visitante una atmósfera
de suavidad, libertad y ternura,
y proporcionarle descanso y emoción.

COPENHAGUE, DENMARK

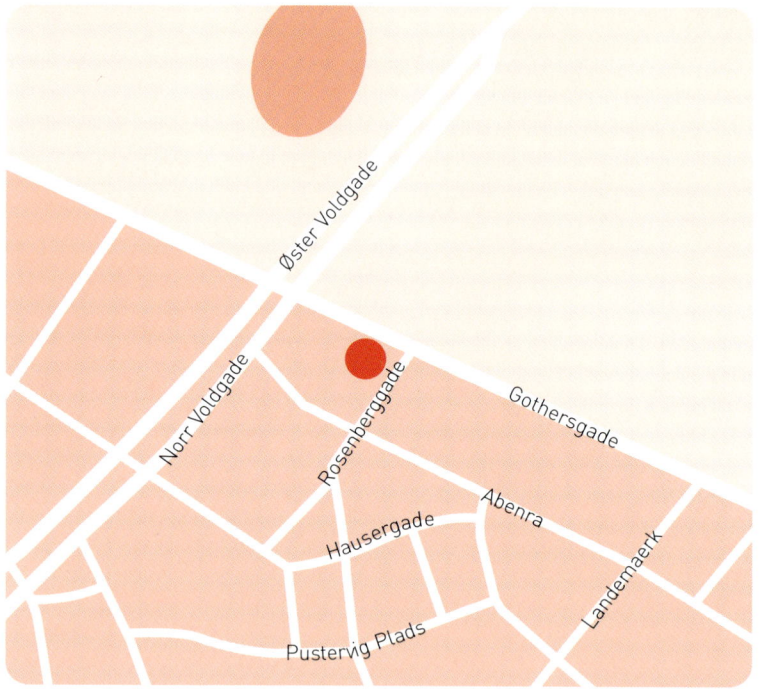

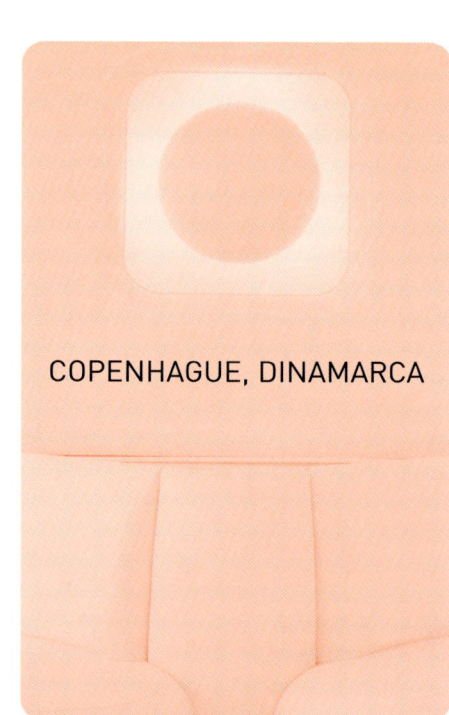

COPENHAGUE, DINAMARCA

>> Address: 8F, Gothersgade, Copenhague, Denmark

>> Architect: Johannes Torpe

>> Photography: Jens Stoltze

>> Area: 5,541ft²

>> Dirección: 8F, Gothersgade, Copenhague, Dinamarca

>> Arquitecto: Johannes Torpe

>> Fotografías: Jens Stoltze

>> Superficie: 515 m²

The name of this Copenhagen club was chosen in order to give the place an international style and because it is easy to remember.

Designer Johannes Torpe's objective was to offer the client an experience that was totally different from that of other clubs: to enter NASA is to enter a pure paradise, soft and full of smiles. So the challenge was to design a completely white nightclub, when, up to that point, in most bars red tones and velvet had reigned.

In order to emphasize the bar's personality, all the details were designed especially for this space, from the ashtrays to the doors. At the door a flight attendant requests a boarding pass and as the passengers are leaving she thanks them for having flown with NASA.

The walls are latex and the floor epoxy; other synthetic materials used are acrylic, fiber glass, Teflon, carbon and plastic.

The lighting is mixed, with ambient light coming from the walls, sofas and ceiling lamps.

A ten-foot-long aquarium contains various koi, white Japanese fish. Music has been piped into the bathrooms so that they are integrated into the ambience and in order to emphasize the difference between NASA and other clubs.

Johannes Torpe's principal interest is not the design, but rather the way people make use of the space and how it is understood; therefore, he has put special emphasis on the softness of the details.

NASA

El nombre de este club de Copenhague se eligió para dotar al local de un estilo internacional y por su facilidad para ser recordado.

El objetivo de su diseñador, Johannes Torpe, fue ofrecer al cliente del NASA una experiencia totalmente diferente a las del resto de los locales: entrar en el NASA es entrar en un paraíso puro, suave y repleto de sonrisas. Por ello, el reto fue diseñar un bar de noche completamente blanco cuando, hasta entonces, en la mayoría de los locales predominaban los tonos rojos y el terciopelo.

Para enfatizar la personalidad del bar, todos los detalles fueron diseñados especialmente, desde los ceniceros hasta las puertas. Incluso en la entrada una azafata pide la tarjeta de embarque y a la salida da las gracias por haber volado con NASA.

Las paredes son de látex y el suelo es de epoxy; otros materiales sintéticos utilizados son el acrílico, la fibra de vidrio, el teflón, el carbono y el plástico.

La iluminación del local es mixta, con luz ambiente que procede de las paredes y de los sofás, y apliques en el techo.

Un acuario de tres metros de longitud contiene diversos koi, peces japoneses blancos. En los lavabos se ha instalado música con el fin de integrar en el ambiente este espacio y enfatizar así las diferencias con otros locales.

Para Johannes Torpe lo más interesante, sin ningún tipo de duda, no es el diseño, sino el uso que la gente hace del local y cómo éste es entendido; por ello, se ha puesto especial énfasis en la suavidad de los detalles.

Along with the luminous white, Johannes Torpe has designed NASA using soft, sensual curves that prevail throughout the club.

Junto a la luminosidad del blanco, Johannes Torpe ha diseñado el NASA a partir de las sensuales y suaves curvas que predominan en todo el local.

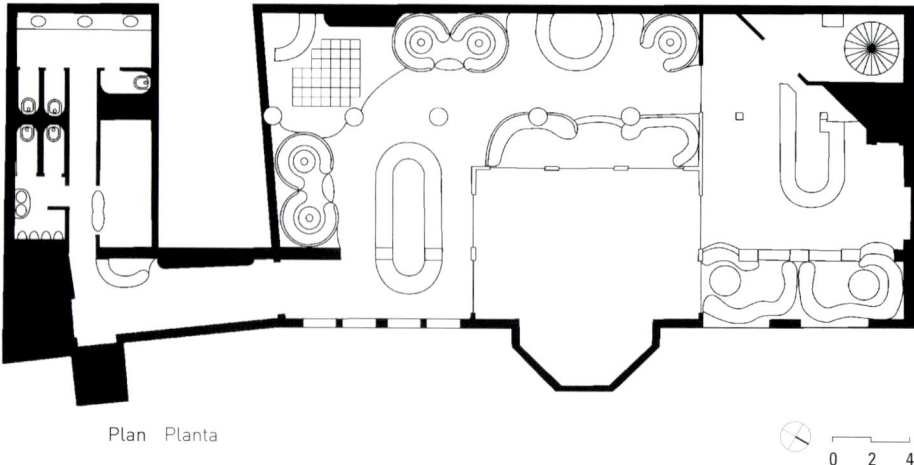

Plan Planta

0 2 4

The music can be heard
in the restrooms, where a
big T for toilet appears on
each mirror making the mission
of the space quite clear.

La música del local puede ser
escuchada también en los aseos,
en donde una gran T, inicial
de "toilet", aparece en todos
los espejos para mostrar
la misión del lugar.

46

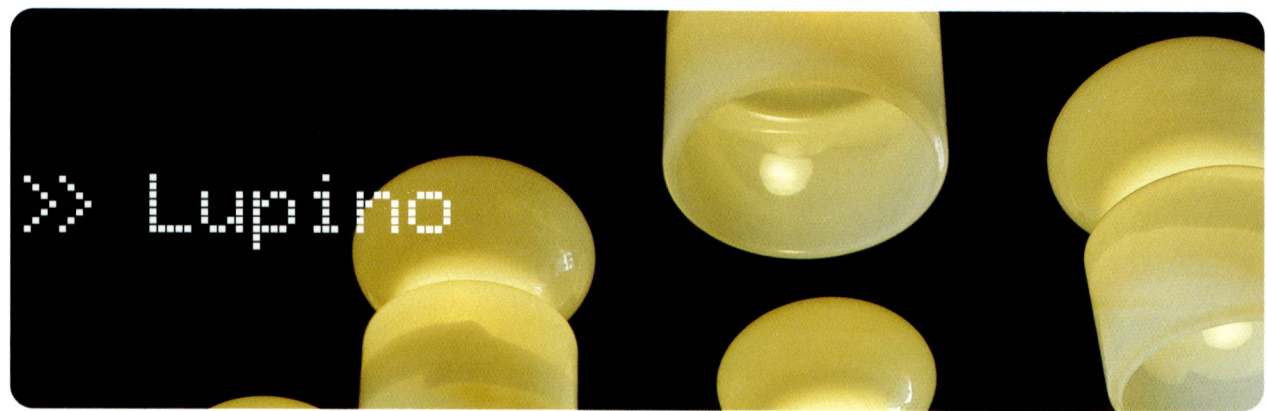

BARCELONA, SPAIN

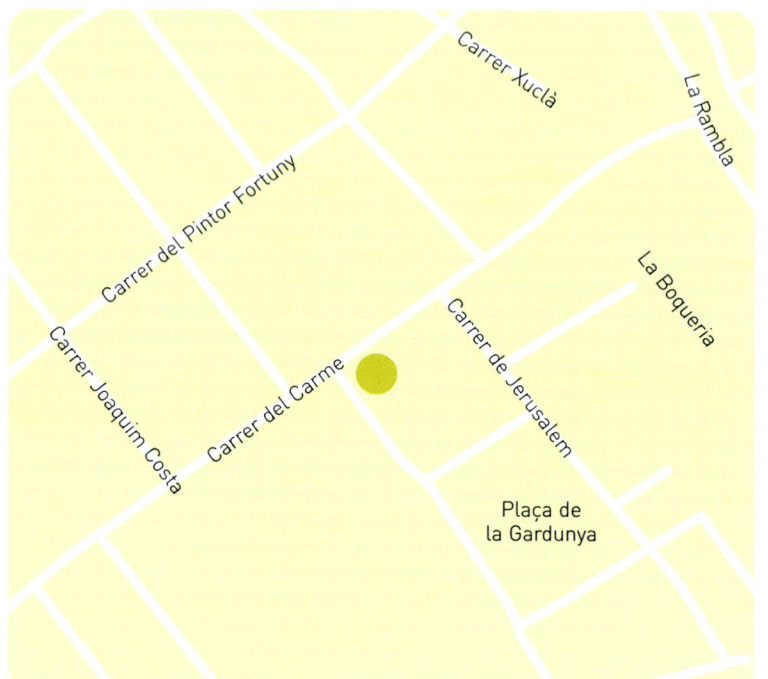

Carrer Xuclà

La Rambla

Carrer del Pintor Fortuny

La Boqueria

Carrer de Jerusalem

Carrer Joaquim Costa

Carrer del Carme

Plaça de
la Gardunya

BARCELONA, ESPAÑA

>> **Address:** Carme 33, Barcelona, Spain

>> **Architects:** Ellen Rapelius, Xavier Franquesa

>> **Collaborator:** Miquel Casaponta

>> **Photography:** Jordi Miralles

>> **Area:** 538ft²

>> **Dirección:** Carme 33, Barcelona, España

>> **Arquitectos:** Ellen Rapelius, Xavier Franquesa

>> **Colaborador:** Miquel Casaponta

>> **Fotografías:** Jordi Miralles

>> **Superficie:** 80 m²

Lupino's cosmopolitan design and architectural intervention have a lot to do with the nearby, international and bustling Rambla of Barcelona.

The shape of the bar makes it look like an airplane because of its narrow width (ranging from 9 to 23 feet) and its 164-foot length that joins the entrances at either end. Despite its small size, the space is used to the fullest: café-lounge, cocktail bar, chill out room, DJ, kitchen, reception and a two-story restaurant and terrace. Its shape makes Lupino a runway to see and be seen on. The various atmospheres are all connected.

In order to differentiate between the different ambients, the flooring changes and the ceiling is uneven. At the back, a staircase that prolongs the corridor leads to the restrooms and an observation point.

Along the corridor wall they have installed a piece of work by artist Louise Sudell that contains little niches with flashing lights which transform the atmosphere quickly and easily. The height of the winding acoustic ceiling defines the changes in ambience, although it stills maintains the overall unity.

The range of colors includes white, green and black in order to create atmospheric contrasts: warmth in the objects and decorating, coldness in the points of light, located on ceilings, walls and tables. One of the walls has been covered in dark brown paneling and the other painted white, broadening the sense of space.

Lupino

La vocación cosmopolita desde la que han sido proyectados el diseño y la intervención arquitectónica del Lupino tiene mucho que ver con el lugar cerca del que se encuentra ubicado: la internacional y concurrida Rambla de Barcelona.

La forma del local se asemeja a un avión por la escasa anchura (entre 3 y 7 metros) y por los 50 m de longitud que unen las dos entradas de cada extremo. A pesar de lo reducido del espacio, su aprovechamiento es muy completo: café lounge, bar coctelería, chill out, DJ, cocina, recepción, restaurante a dos niveles y terraza. Debido a su forma, el Lupino es una pasarela para observar y ser observado, y cuyos diversos ambientes se encuentran comunicados.

Para diferenciar las variadas atmósferas, se ha recurrido a un cambio en el pavimento y un desnivel en el techo; al fondo, una escalera que prolonga el pasillo conduce a los aseos y a un mirador.

En la pared del corredor se ha instalado una obra de la artista Louise Sudell, que contiene unos nichos con luces de colores cambiantes y que transforman la atmósfera del local de manera rápida y fácil. El serpenteante techo acústico define con su altura los cambios de ambiente, aunque mantiene, a pesar de ello, su unidad.

La gama de colores recurre al blanco, verde y negro para crear contrastes atmosféricos: calidez en los objetos y la decoración, y frialdad en los puntos de luz, ubicados en techos, paredes y mesas. Las columnas emplazadas justo en medio del local dividen en dos el área y aportan sensación de amplitud al estrecho espacio. Una de las paredes ha sido recubierta de paneles de madera marrón oscuro y la otra ha sido pintada de blanco, con lo cual se potencia la sensación de amplitud.

The lounge, café and cocktail bar are accessed from the street with the most foot traffic and therefore more entrances and exits; the restaurant is located in the area with the least amount of coming and going.

El acceso al café lounge y bar coctelería se efectúa por la calle que registra más tránsito de peatones y, por lo tanto, mayor número de entradas y salidas; el restaurante se ha ubicado en la zona de menos circulación de clientes.

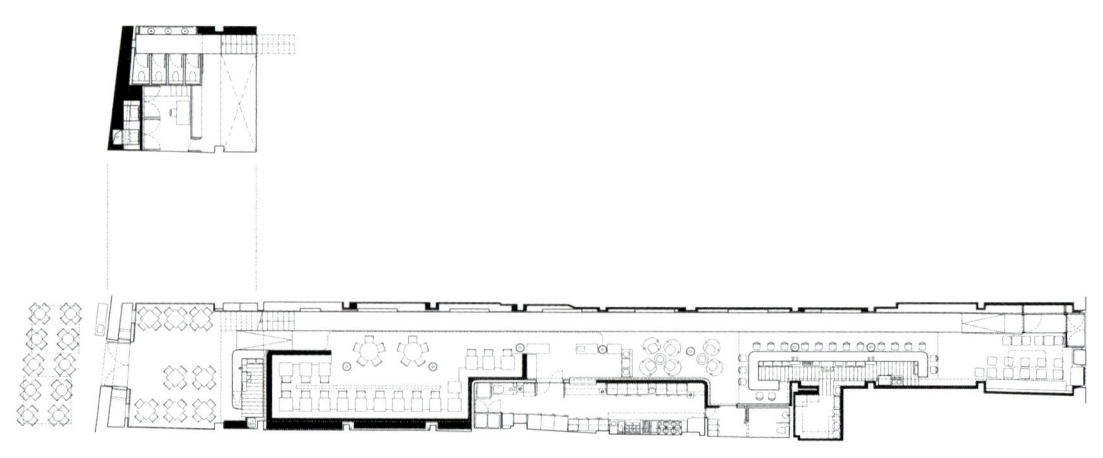

Plan Planta

0 2 4

Lupino

The lamps that hang from the
ceiling are located at either
end of the place and their
function is to illuminate
as well as decorate and
separate the spaces.

Las lámparas que cuelgan del techo
se han ubicado en los dos extremos
del local, y su función es tanto de
iluminación, como ornamental y de
separación de espacios.

52

>> Supperclub Roma

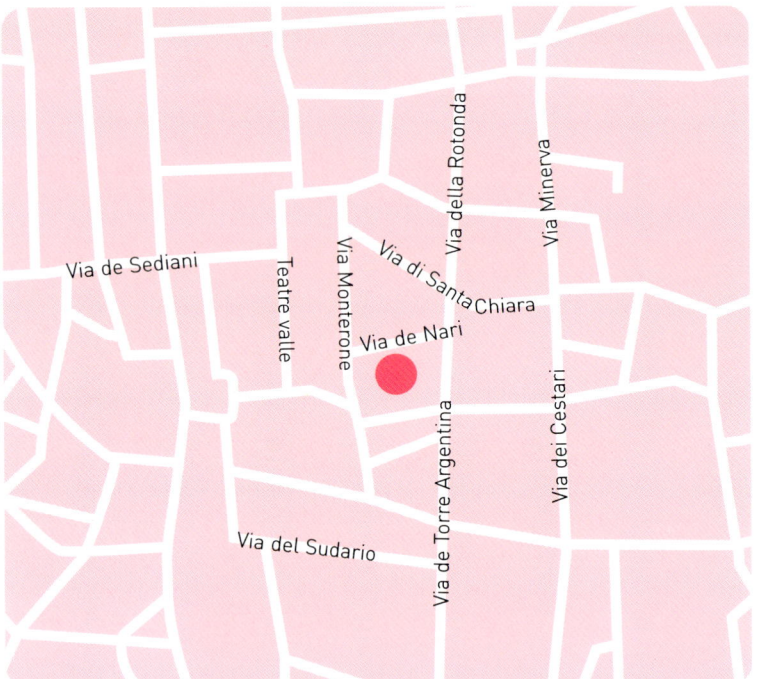

ROME, ITALY

ROMA, ITALIA

>> **Address:** Via de Nari 14, Rome, Italy

>> **Architects:** Concrete Architectural Associates

>> **Photography:** Concrete Architectural Associates

>> **Area:** 4,498ft²

>> **Dirección:** Via de Nari 14, Roma, Italia

>> **Diseñador:** Concrete Architectural Associates

>> **Fotografías:** Concrete Architectural Associates

>> **Superficie:** 418 m²

The Supperclub Roma is located in an old convent, very close to the Roman Pantheon, in the old part of the city. Like its predecessor in Amsterdam, the club was created as a place to forget your troubles and escape reality. Legend has it that this is the building where the emperor Nero let loose with all his vices.

The restoration attempted to recapture the original form of the monument, renovating and improving the condition of the walls. The building holds a club and a restaurant; in the latter everything was completely rebuilt.

The main entrance has lots of emergency exits in order to disorientate the guests and make it difficult to find the way out.

The first floor houses la salle Neige, la salle Baroque and the Rouge bar, which all have beds where you can eat in groups. In la salle Neige the beds are elevated on stands on either side of the room, so you have to climb up a small staircase to get into bed.

The light in the different spaces changes color by means of the LET lighting system, tiny computer chips that can be manipulated from other cities. The white walls are ideal for projecting light shows.

The floor is Roman travertine marble. White reigns on all the surfaces, vertical and horizontal alike, except in the Rouge bar, which is completely red: floor, walls and ceiling. The bathroom also has an elaborate and colorful aesthetic.

Supperclub Roma

El Supperclub Roma se encuentra ubicado en un antiguo convento, muy cercano al panteón romano, en la parte antigua de la ciudad y, como su antecesor en Amsterdam, es un lugar creado para olvidar y escapar de la realidad. La leyenda popular cuenta que el edificio fue, en sus orígenes, el lugar en donde el emperador Nerón daba rienda suelta a sus más bajas pasiones.

El trabajo de restauración del edificio intentó rescatar el monumento en su forma original, renovando y mejorando el estado de los muros. En la actualidad, alberga un club y un restaurante, este último completamente reconstruido.

Hay una única entrada principal y varias salidas de emergencia cuyo objetivo es provocar desorientación y obstaculizar el hallazgo de la puerta que conecta con el exterior.

En la planta principal se disponen la sala Neige, la sala Barroca y el bar Rouge, en los que se han instalado camas donde es posible comer en comunidad, si se desea. En la sala Neige las camas se encuentran sobre unas gradas ubicadas a ambos lados del espacio; para acceder a ellas es necesario utilizar unas pequeñas escaleras. La luz de los diferentes espacios cambia de color gracias a un sistema de iluminación que utiliza LED, que pueden manipularse desde otras ciudades. Las blancas paredes son ideales para la proyección del juego de luces. El suelo del local es de travertino romano e impera el color blanco en casi toda la superficie, tanto vertical como horizontal, excepto en el bar Rouge, que es totalmente de color rojo: suelo, paredes y techo. Asimismo, el aseo es igualmente de estética más recargada y colorida.

The beds in la salle Neige
are made of white steel and
the king-size bed in la salle
Baroque is shiny metal; the
mattresses are traditional
as are the white sheets.

Las camas de la sala Neige están
fabricadas en acero blanco y la
gran cama de la sala Barroca es de
metal brillante; sobre ellas se han
dispuesto tradicionales colchones
con sábanas blancas.

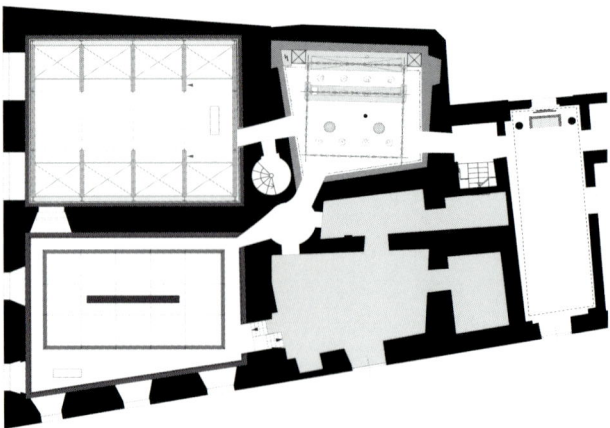

General plan   Planta general

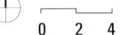

0   2   4

58

>> Totem Bar

NEW YORK, USA

NUEVA YORK, EE.UU.

>> **Address:** 503-505 East 12th Street, New York, USA

>> **Architects:** Cho Slade Architecture & Anthony Fontenot

>> **Photography:** Jordi Miralles

>> **Area:** 1,614 ft²

>> **Dirección:** 503-505 East 12th Street, Nueva York, EE.UU.

>> **Arquitectos:** Cho Slade Architecture & Anthony Fontenot

>> **Fotografías:** Jordi Miralles

>> **Superficie:** 150 m²

The Totem bar is located on top of two warehouses that were originally separate: the team of architects joined these two spaces and converted one of them into a bar and the other into a lounge/restaurant.

The architects opted for an aesthetic where each room presents elements related to totems. The client wanted the space to be called Totem and decorated with carved paneling.

In the bar area, they decided to focus the design on the quality of the totems as objects in and of themselves; in order to achieve this the totems were treated as permanent objects in the landscape so their ornamental function is taken out of context and the objects are integrated into the space.

In the lounge area, they wanted to experiment with the idea of carving itself, since a totem is carved from a trunk and the image emerges out of a rough piece.

The lounge is defined by the felt that lines the walls, the ceiling, seats and tables. This space contrasts with the bar and feels like a carved cavern.

Although the bar is the central focus of the place, the architects wanted to provide each space with a strong identity with elements like the extensive wall where stools have been installed.

Totem Bar

El Totem Bar está ubicado sobre dos almacenes que originariamente se encontraban separados: el equipo de arquitectos unió estos dos espacios y convirtió uno de ellos en un bar y el otro en un área dedicada a lounge restaurante.

Debido a que el cliente quería que el espacio se llamara Totem y que estuviera decorado con paneles tallados, se optó por una estética en la que cada habitación presentara elementos relacionados con los tótems.

En el área dedicada a bar, se decidió focalizar el diseño en la calidad de los tótems como objetos en sí mismos; para lograr este objetivo, fueron tratados como componentes fijos del paisaje, así se descontextualiza la función ornamental y se integra fácilmente en el espacio.

El bar es el foco central del local, pero cada una de las áreas posee un marcado rasgo que lo diferencia y lo singulariza para conseguir separar las funciones de cada ambiente.

En la zona dedicada a lounge, se deseaba experimentar con la idea de la talla en sí misma, cómo un tótem es tallado de un tronco y de una pieza tosca emerge una imagen.

El lounge es un contenedor que se encuentra definido por el fieltro que forra las paredes, el techo, los asientos y las mesas. Este espacio contrasta con el bar y se asemeja a una gruta tallada.

Although the bar counter is
the main focus, they wanted
to give each space a strong
identity such as the extensive
wall lined with stools.

Aunque la barra del bar es el
foco central del local, se ha
querido dotar a cada uno de los
espacios de una fuerte identidad,
como la extensa pared en la que
se han instalado algunos taburetes.

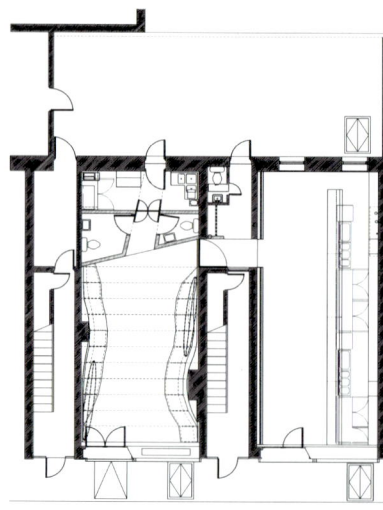

Plan Planta

0 2 4

64

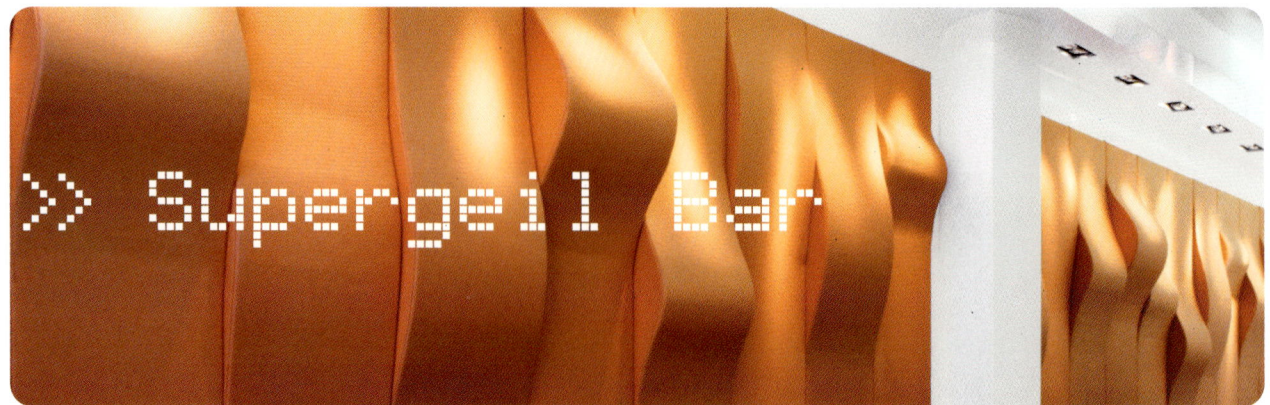

COPENHAGUE, DENMARK

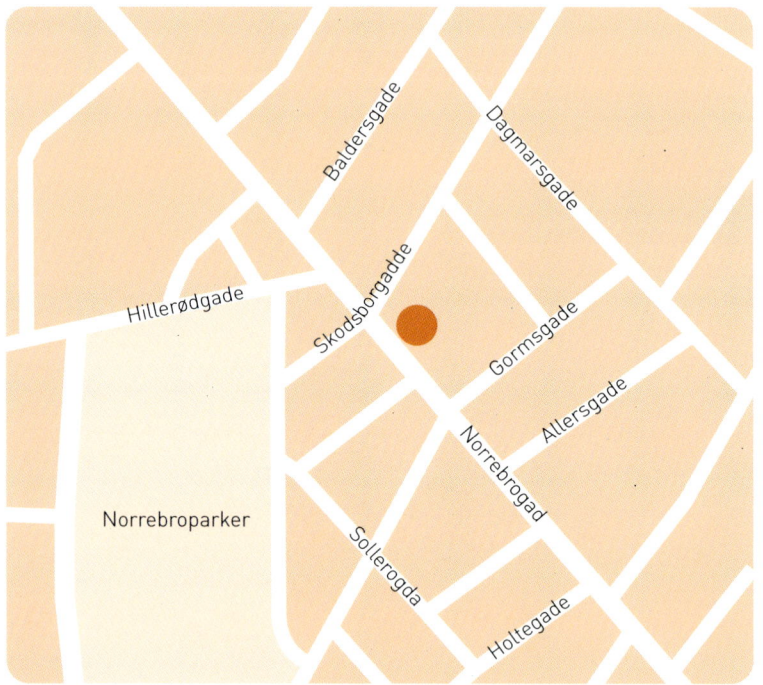

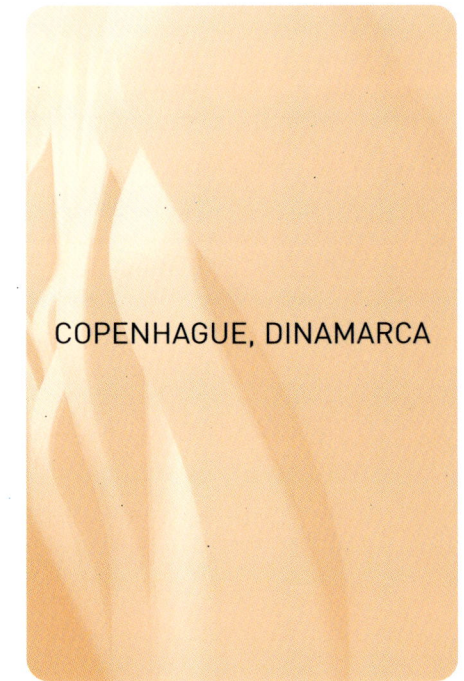

COPENHAGUE, DINAMARCA

>> **Address:** Norrebrogade 184, Kobenhavn, Copenhague, Denmark

>> **Iinterior Designer:** Johannes Torpe

>> **Photography:** Jens Stoltze

>> **Area:** 4,616ft²

>> **Dirección:** Norrebrogade 184, Kobenhavn, Copenhague, Dinamarca

>> **Interiorista:** Johannes Torpe

>> **Fotografías:** Jens Stoltze

>> **Superficie:** 429 m²

The impact of Supergeil's design starts with its name: a German word with sexual overtones. In Johannes Torpe's work organic, feminine forms are always at play, shaping his designs.

The walls are flexible orange units that can change at any given moment to provide a different style of decorating. The flexible material is a new fireproof foam from BASF, and the upholstery is the Danish GUBI design brand, similar to the fabric used by the old Danish Navy.

The designer used the color orange in an attempt to create warmth and seclusion, so the walls are orange, the sofa brown, the floor ochre, the bars a metallic gold and the chairs black and white leather. All of this can be changed with the lighting.

All the furnishings and decorative elements, like the sofa, chairs, tables, etc. were designed by Johannes Torpe. Along with the goal of presenting a personal design, the club aims to provide everything expected of a bar: food, drinks, infrastructure, restrooms, etc., so the design has to serve the client not vice versa. Therefore, even the sandwiches have been "designed," and special attention has been paid to the selection of the music as well as the staff. Torpe does not think comfort lies in the objects, but rather in the clientele: if the guests are comfortable the place is comfortable.

Supergeil Bar

El impacto del diseño del Supergeil comienza por su nombre: una palabra alemana con connotaciones sexuales. Por otro lado, en los trabajos del diseñador Johannes Torpe se encuentran siempre presentes las formas orgánicas femeninas, que suelen modular sus diseños.

Las paredes son flexibles módulos de color naranja que pueden cambiarse en cualquier momento para poder elaborar una decoración diferente para la noche. El material empleado en ellos es una nueva espuma antiincendios de BASF, con tapicería de la marca Danish GUBI Design consistente en un viejo tejido de la marina danesa.

La elección del color naranja se debe a la búsqueda de calidez y recogimiento en el lugar; de ahí naranja en las paredes, marrón en el sofá, tostado en el suelo, oro metalizado para los bares, cuero negro y blanco para las sillas. Todo puede ser modificado gracias al uso de un juego de luces sobre el mobiliario.

Todos los muebles y elementos decorativos han sido diseñados por Johannes Torpe.

Junto al objetivo de ofrecer un personal diseño, la propuesta del local es dar al cliente todo lo que espera de un bar: comida, bebida, infraestructura, servicios, etcétera, por ello el diseño del local ha de estar en función del usuario, y no a la inversa. Debido a esto, se han diseñado incluso los bocadillos, y se ha puesto especial cuidado en la elección de la música y de los empleados para que todo esté enfocado en la misma dirección. Para su diseñador, el concepto comodidad no está en los objetos, sino en la gente que se encuentra en el local; si la gente se siente cómoda, el lugar es cómodo.

The sofa and wall units are upholstered in the fabric of the old Danish Navy, Holmen's Klaede.

Tanto en el sofá como en los módulos de las paredes se ha empleado un tejido de la antigua marina danesa llamado Holmen's Klaede.

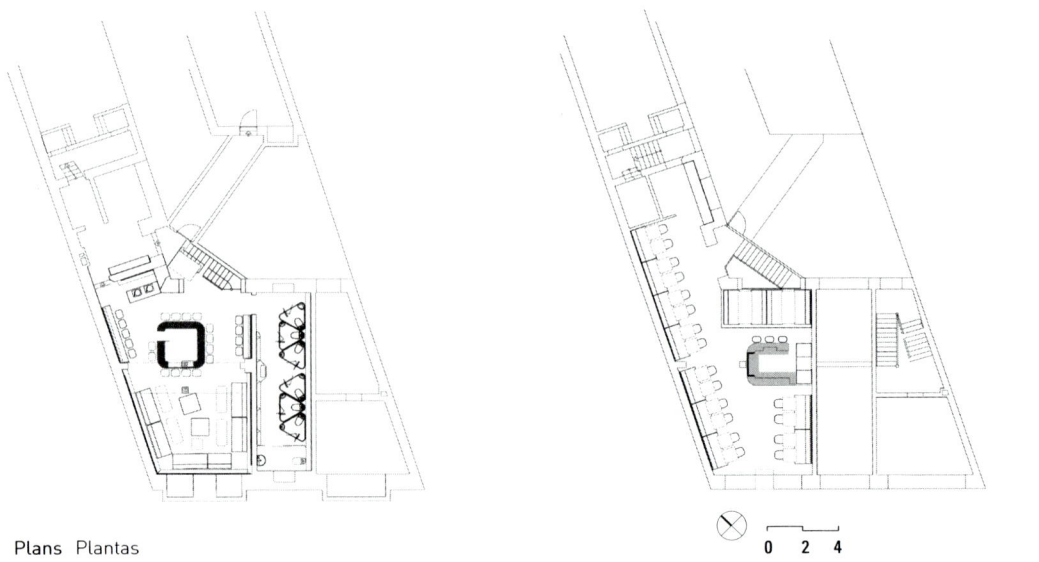

Plans Plantas

0 2 4

Plastic is the material used in
most of the furnishings because
it allows for lots of flexibility
in the design and brings a
feeling of fluidity to the space.

El material empleado en la mayoría
del mobiliario es el plástico,
el cual permite un elevado grado
de flexibilidad en el diseño
y aporta la sensación de fluidez
al espacio.

72

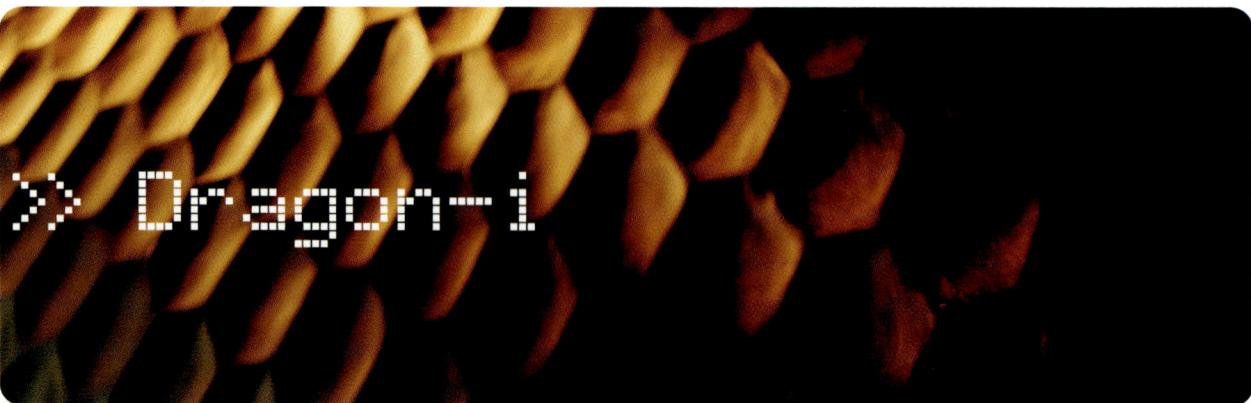

>> Dragon-i

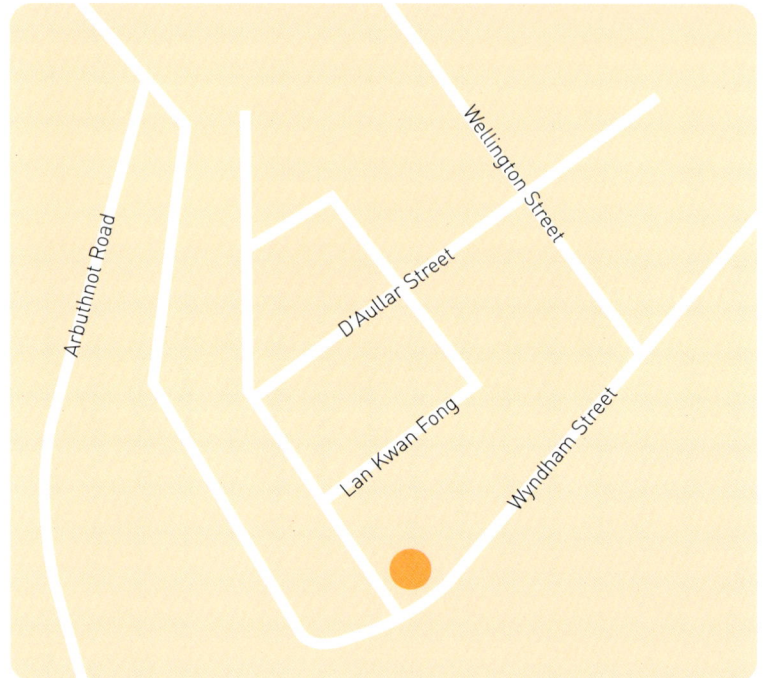

HONG KONG, CHINA

HONG KONG, CHINA

>> **Address:** 60 Wyndham Street, Hong Kong, China

>> **Designer:** India Mahdavi

>> **Collaborators:** H. Bourgeois, G. Richard

>> **Photography:** Dragon-i

>> **Area:** 14,751ft²

>> **Dirección:** 60 Wyndham Street, Hong Kong, China

>> **Diseñador:** India Mahdavi

>> **Colaboradores:** H. Bourgeois, G. Richard

>> **Fotografías:** Dragon-i

>> **Superficie:** 1.371 m²

Since Hong Kong returned to Chinese rule the city has dared to rank high on the contemporary scale. The Dragon-i provides the city with cosmopolitan qualities: class, charm, sophistication and elegance, as well as guests of international renown.

The decorating of the Dragon-i is based on the fusion of Chinese and Japanese traditions, Oriental mysticism, aesthetic minimalism and beauty. In order to achieve this, a team of designers was hired headed by India Maharani, who lives in Paris, with collaborators such as Hervé Bourgeois and Guillaume Richard.

The space of the Dragon-i is divided into The Red Room (restaurant and VIP area of the bar after dinner) and The Game Area, which includes an elongated bar, a lounge and an informal dance floor.

The interior decorating includes red phoenix lamps in prints, low sofas in velvety felt and other objects with a Chinese or Japanese aesthetic. The bathroom has a silver mosaic and there is a huge bamboo bird cage on the terrace.

The services offered to the clients include the same care and fusion as the decorating details: coexistence between Chinese cooking and contemporary Japanese cooking or the mixture of contemporary musical genres.

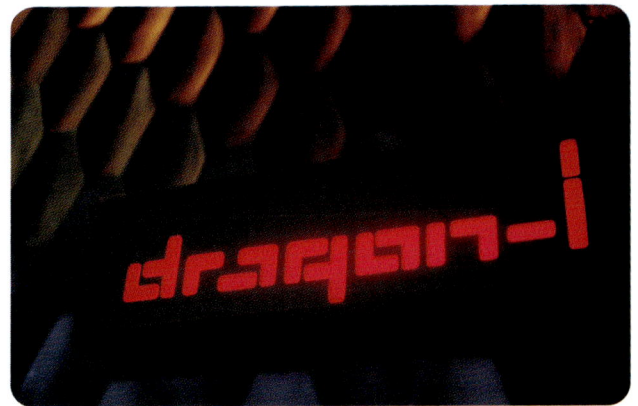

Dragon-i

Desde que Hong Kong consiguió la independencia del Reino Unido, la ciudad ha apostado por situarse en una de las posiciones más avanzadas de la contemporaneidad. El Dragon-i aporta a esta metrópoli las cualidades del cosmopolitismo, la clase, el encanto, la sofisticación y la elegancia, y una gran número de invitados de renombre internacional.

La decoración está basada en la fusión de las tradiciones china y japonesa, la mística oriental, el minimalismo estético y la belleza. Para conseguirlo, se ha contado con un equipo de diseñadores encabezado por India Mahdavi, afincada en París, y con colaboradores como Hervé Bourgeois y Guillaume Richard.

El espacio del Dragon-i se divide en la Habitación Roja (restaurante y área VIP del bar después de la cena) y el Área de Juegos, que incluye un alargado bar, un lounge y una informal pista de baile.

La decoración interior contempla lámparas de rojo fénix de estampados impresos, sofás bajos de felpa y otros objetos pertenecientes a una estética china y japonesa; además, el cuarto de baño es de mosaico plateado y en la entrada de la terraza se ha instalado una enorme jaula para pájaros hecha con bambú.

Los servicios ofrecidos a los clientes mantienen el mismo cuidado y la misma fusión que los detalles de la decoración: convivencia entre la cocina china de vieja escuela y la cocina japonesa contemporánea o mezcla de diferentes músicas de actualidad.

Right after dinner, as the night gets rolling, the restaurant area becomes the VIP room thanks to a glass door that separates it from the rest of the bar.

El área dedicada a restaurante se convierte a primera hora de la noche, después de la cena, en la sala VIP gracias a la cristalera que la separa del resto del bar.

Plan Planta

0 3 6

In the bathrooms, a sensual
silver mosaic illustrates
the importance of light in
each one the bar's spaces.
The bathroom appliances are
also silver plated.

En los servicios se ha empleado un
sensual mosaico plateado que ilustra
la importancia de la luz
en cada uno de los espacios del
local. Los utensilios del baño son
también de color plateado.

78

>> Universale

FLORENCE, ITALY

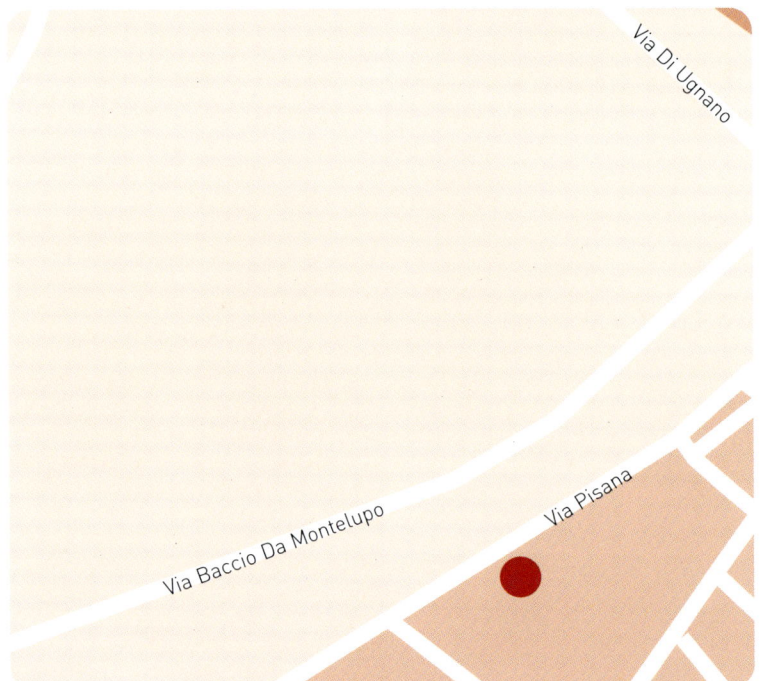

Via Di Ugnano

Via Baccio Da Montelupo

Via Pisana

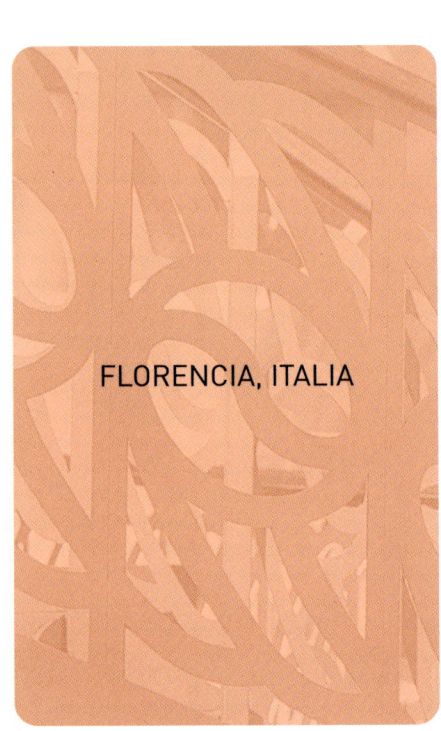

FLORENCIA, ITALIA

>> **Address:** Via Pisana 77r, Florence, Italy

>> **Designer:** Stefano Pirovano

>> **Photography:** Yael Pincus

>> **Area:** 15,430ft²

>> **Dirección:** Via Pisana 77r, Florencia, Italia

>> **Diseñador:** Stefano Pirovano

>> **Fotografías:** Yael Pincus

>> **Superficie:** 1.434 m²

The Universale, a use space in the Italian city of Florence, provides this museum-like city with nightlife. Located in an old theater, the Universale does not abandon its past of footlights; the new space is decorated with rich iconography and references to cinema. The staircase is majestic in its golden tones and very theatrical, similar to the stairs Hollywood stars descended in musicals in the golden age of movies. Film projections liven up the three bar areas of the club, which also includes a restaurant, disco and concert hall.

The three floors are connected by an escalator and an elevator. The restrooms are located in the basement. On the first floor, right after the lobby, is a coatcheck which leads into a bar that also serves as a disco next to another little bar, and then the concert hall complete with a large stage. The restaurant, with indoor dining as well as an outdoor terrace and another smaller bar are on the second floor.

The prevailing color is the golden tone of the tables, chairs and theatrical staircase, which provides all the glamour of the celluloid world. On the walls, drawings of musical instruments, hearts that represent the romantic themes of romantic movies, etc. in beige, red, brown and black tones provide tenuous lighting that adds to the light play, giving the place a silky ambience.

Universale

El Universale es un multiespacio de la ciudad italiana de Florencia que aporta actividad nocturna a una de las ciudades-museo por antonomasia. Ubicado en un antiguo teatro, el Universale no olvida su pasado de candilejas y decora el nuevo local con iconografía y referencias del cine. La escalera es majestuosa en sus tonos dorados, y muy teatral, similar a las que utilizaban las estrellas de Hollywood para descender en las películas musicales de la época dorada de la meca del cine. Proyecciones de cine animan los tres bares de este establecimiento, que además cuenta con un restaurante, discoteca y sala de conciertos.

El local tiene tres plantas, comunicadas por una escalera y un ascensor. En el sótano se encuentran únicamente los servicios; en la planta baja, después de atravesar un gran vestíbulo, se halla, en primer lugar, el guardarropía, a continuación un bar que también es discoteca junto a otro bar más pequeño, y después la sala de conciertos con un gran escenario. En la segunda planta se han dispuesto el restaurante, con sala interior y terraza, y otro bar más pequeño.

El cromatismo predominante es el dorado para mesas, sillas y la teatral escalera, que aporta todo el glamour del mundo del celuloide. En las paredes, dibujos que representan instrumentos musicales, corazones que ilustran la temática de las películas románticas, etcétera, en tonos beige, rojos, marrones y negros, aportan luminosidad tenue y cálida que, ayudada por el juego de luces de la sala, dota al local de un ambiente sedoso.

The film projections, along with
the scenographic use of light,
reinforce the decorating based on
motifs from the silver screen.

Las proyecciones de películas,
junto al uso de la iluminación
escenográfica, refuerzan la
decoración del local, ambientado
con motivos del mundo del cine.

Small elevations in the floor
serve as box seats recapturing
the theatrical essence of the
space's past.

Unas pequeñas elevaciones en el
suelo ejercen la función de palcos,
con lo cual se rescata algo de la
esencia teatral del pasado del
local.

84

>> Powder

NEW YORK, USA

NUEVA YORK, EE.UU.

>> Address: 431 W 16th Street, New York, USA

>> Designer: Karim Rashid

>> Collaborators: J. Sahba, C. Tariki

>> Photography: Ramin Talaie

>> Area: 29,342ft²

>> Dirección: 431 W 16th Street, Nueva York, EE.UU.

>> Diseñador: Karim Rashid

>> Colaboradores: J. Sahba, C. Tariki

>> Fotografías: Ramin Talaie

>> Superficie: 2.727 m²

Powder is a futurist remnant in the city of all cities: New York. The main elements of the design are the color and the organic shapes that infuse the space. Red and purple tones reign in the furnishings as well as the ambient lighting. The entrance to Powder is a two-storey space with the floor, ceiling and walls all done in bright pink glass. The lighting, which is also pink, intensifies the color. Except for the seats, there are no furnishings: the register counter is a silhouette trimmed in an incandescent orange.

In the three bars that make up the club the wine racks are curved surfaces where soffits hold the bottles. The bar is covered in dichromatic glass that reflects the different colors created by the lighting.

The feature that stands out in the first bar is the beam of purple light, which also illuminates the ceiling in the second bar. The lights, ceiling, floor and walls are all an incandescent pink in the third bar.

Karim Rashid designed the furnishings for the bar and the DJ booth: water and fireproof purple vinyl seats with orange backrests.

Powder

El Powder es un retazo futurista en la ciudad de las ciudades: Nueva York. Los elementos principales en el diseño de este local son el color y las formas orgánicas que remiten al espacio. Los tonos que imperan en este establecimiento, tanto en el mobiliario como en la iluminación ambiental, son los rojos y los púrpura.

La entrada del Powder es un espacio a doble altura de vidrio rosa intenso, que también domina el suelo, las paredes y el techo. A su vez, un juego de luces del mismo color intensifica este tono. Excepto los asientos, se ha prescindido de muebles en el local: el mostrador en el que se encuentra la caja registradora es una silueta recortada de un tono naranja incandescente.

En los tres bares que componen el local, los botelleros son una superficie curva en donde se han insertado unos plafones que cumplen esa función. El bar se encuentra revestido de cristal dicromático capaz de reflejar los diferentes colores producidos por el juego de luces.

El rasgo más destacado del primer bar es un sendero de luz color púrpura; en el segundo bar, es un techo iluminado mediante el mismo procedimiento, y en el tercer bar, es el color rosa incandescente de las paredes, el techo, el suelo además del juego de luces.

El mobiliario de los bares y la cabina del disc jockey es un diseño de Karim Rashid, con asientos de vinilo púrpura y respaldos de vinilo naranja, a prueba de agua y de combustión retardada en un posible incendio.

The seating area is separated
from the dance floor by colorful
glass partitions that provide
intimacy but also integrate
the area into the whole.

La zona dedicada a asientos
se encuentra separada de la pista
de baile por mamparas de cristal
de colores, lo cual proporciona
intimidad pero a la vez
integra esta área en el conjunto
de la superficie.

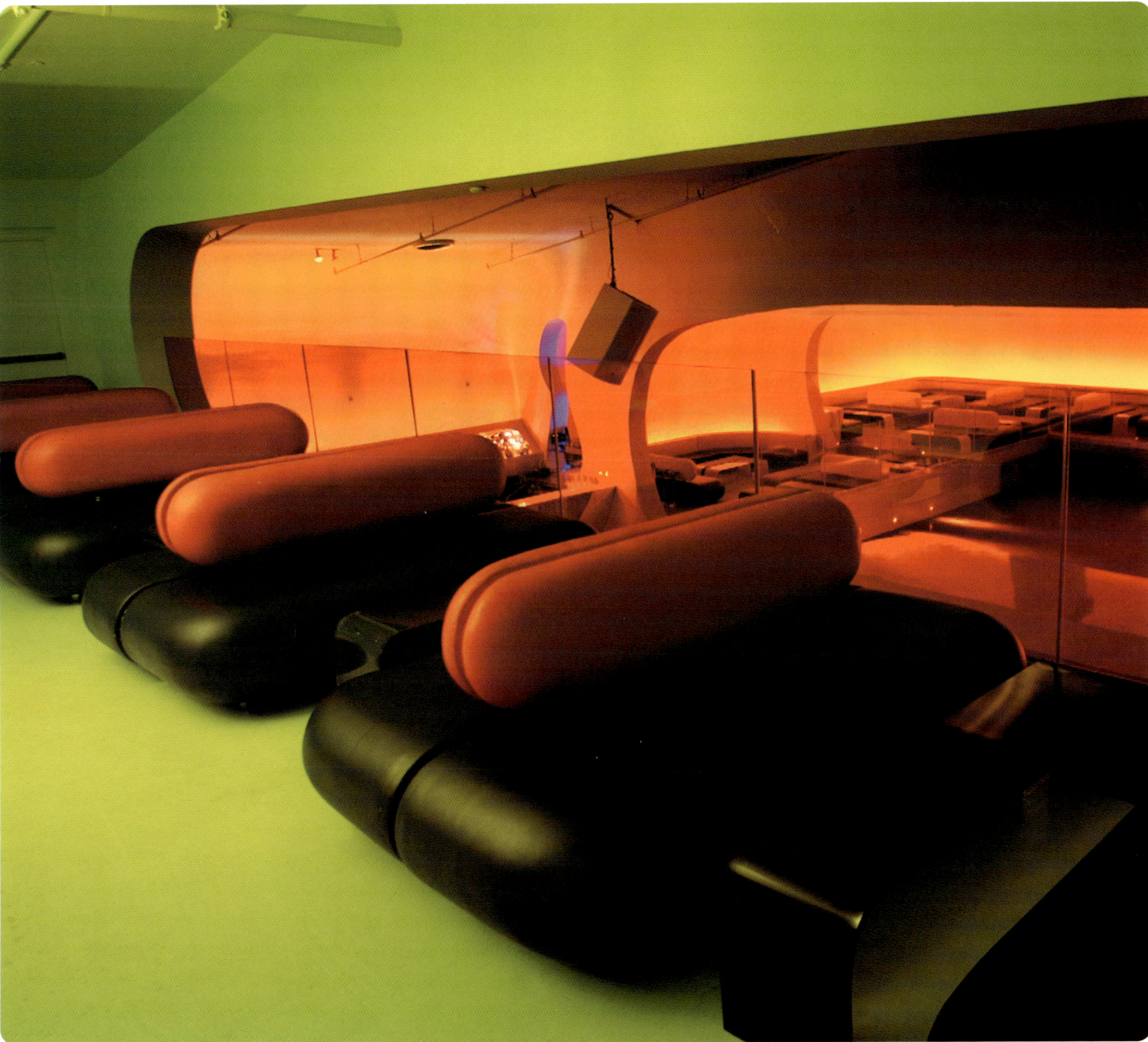

90

>> La Mesie

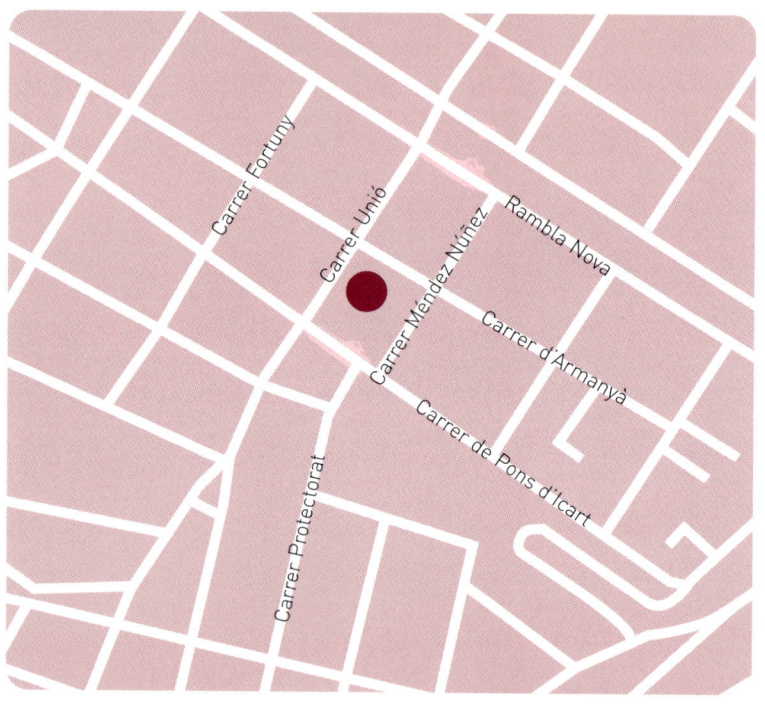

TARRAGONA, SPAIN

TARRAGONA, ESPAÑA

>> Address: Méndez Núñez 21, Tarragona, Spain

>> Interior Designer and Projectation: Toni Fàbregas Sisquella

>> Photography: Pep Escoda

>> Area: 1,291ft²

>> Dirección: Méndez Núñez 21, Tarragona, España

>> Interiorista y proyecciones: Toni Fàbregas Sisquella

>> Fotografías: Pep Escoda

>> Superficie: 120 m²

Most of the ornamental elements in La Mesie are very simple in order to empower the lights the design is based on. These lights, the characteristic feature of the place, allow for a different decorating scheme in each part of the bar. The two-story, 45-square-yard establishment has three bars where drinks are served. The bathrooms and technical areas are located on the top floor; the first floor, divided into four sections, is all about leisure: two entrance areas and two bars.

The two bars are divided by the bar counter itself in order to create two different atmospheres: one for conversation and one for dancing. The bar counters are located on the sides so that they focus the perspective and attract views from different angles of the space, while at the same time framing the design.

The materials used for the vertical closures are also relatively simple: drywall partitions painted white. Images are projected onto the partitions decorating the space and wrapping clients into their luminous textures.

These partitions contrast with the shiny finishes on the floor and the front of the bar counters that provide yet another texture for the lights to be projected onto, producing a constantly changing decoration for the club.

La Mesie

La mayoría de los elementos ornamentales de La Mesie se proyectaron con gran sencillez para potenciar el juego de luces mediante el cual se consigue crear el diseño del local. Estas luces, que son el rasgo característico del local, posibilitan obtener un decoración diferente en cada espacio del bar según se desee.

El local, de dos plantas, dispone de 41 m2 destinados a tres barras para el servicio de bebidas. La planta superior está destinada a los aseos y a recintos técnicos; la planta baja, dividida en cuatro zonas, está dedicada por completo a la actividad de ocio: dos áreas de entrada y dos bares. Ambos han sido divididos, mediante el perímetro de la barra, para crear dos espacios de diferenciados ambientes: uno dedicado a la conversación y otro al baile.

Las barras se han ubicado en los laterales, de forma que se focaliza la perspectiva y se atraen las miradas desde los diferentes ángulos del local, a la vez que se enmarca el diseño.

Los materiales utilizados en los cerramientos verticales son también de relativa sencillez: tabiques de cartón yeso, pintados de color blanco, sobre los que se proyectan las imágenes que decoran el espacio y que envuelven al cliente en estas texturas luminosas. Esta solución contrasta con los acabados brillantes del pavimento y los frontales de las barras, y proporciona otra textura sobre la cual se proyecta el juego de luces que produce la decoración cambiante.

The support of the bar counter
is stainless steel as are the
bases of the stools, this creates
more points of light and the
bar stands out so it can be
found easily.

La barra del bar es de acero
inoxidable en su soporte, y también
el pie de los taburetes; gracias
a ello se consigue crear más puntos
de luz y hacerla destacar del
entorno para ser localizada
con facilidad.

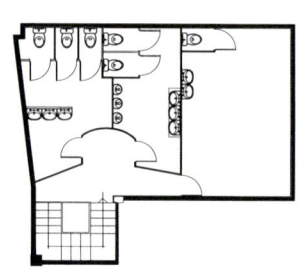

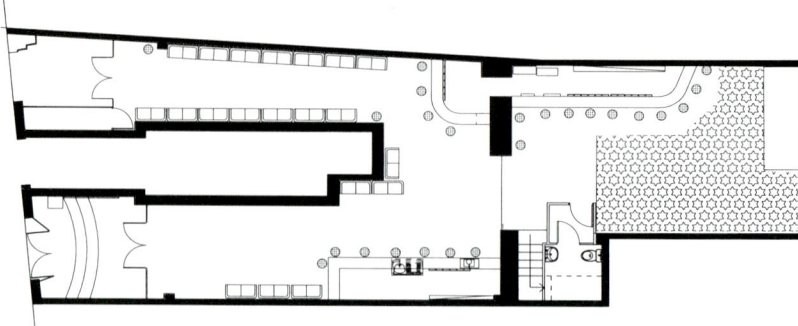

Mezzanine   Altillo

Plan   Planta

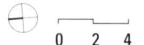

0   2   4

The constant changes in the
decorating, obtained through the
lighting, aim to surprise and
excite the client's sensibility.

Los cambios permanentes en la
decoración del local, conseguidos
mediante el juego de luces, tienen
como objetivo sorprender y motivar
la sensibilidad del cliente.

SERVEIS
GUARDA-ROBA

96

>> Herzblut

HAMBURG, GERMANY

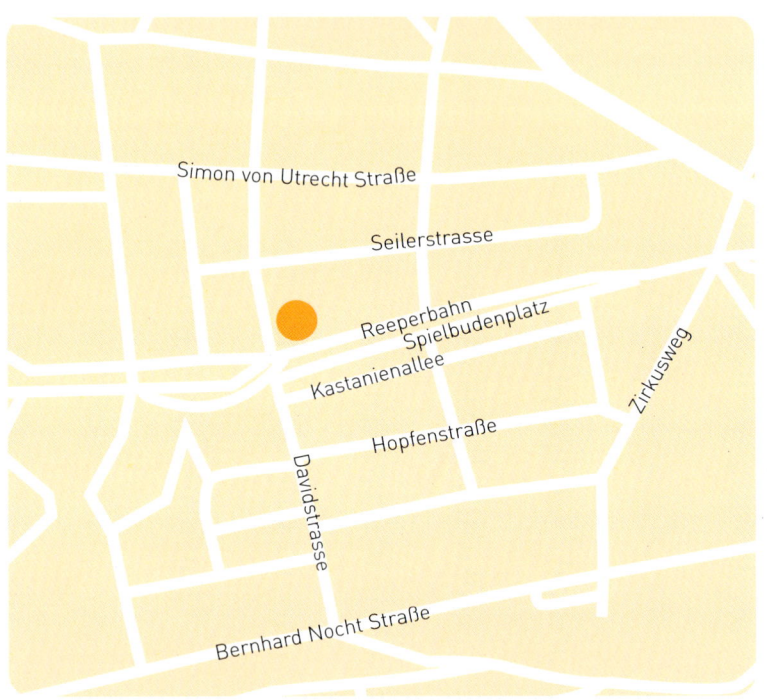

HAMBURGO, ALEMANIA

>> **Address:** Reeperbahn 50, Hamburg, Germany

>> **Interior Designer:** Jordan Mozer

>> **Photography:** Klaus Frahm/Eausl/Artur

>> **Area:** 3,228ft²

>> **Dirección:** Reeperbahn 50, Hamburgo, Alemania

>> **Interiorista:** Jordan Mozer

>> **Fotografías:** Klaus Frahm/Eausl/Artur

>> **Superficie:** 300 m²

The idea for Herzblut came out of the sponsorship a brand of beer provides for the Hamburg St. Pauli soccer team. Herzblut means lifeblood.

The inspiration for the design stems from the heart and anchor that form the logo for the brand of beer. The heart represents joy and happiness, the anchor St. Pauli, the sailor who although a bit rough around the edges, also has lifeblood like the lively and charismatic area of Kiez.

In order to provide comfort, a lot of attention has been paid to details: the designers used wood and fabrics in dark brown and purple tones in order to create a warm, relaxed ambience.

The bar and restaurant are separated by partitions and sloped ceilings.

There is a screen the size of an entire wall so groups can watch soccer games or concerts.

In the restaurant, the partitions provide the clients with intimacy. The lounge, a generous space where you can calmly take in the ambience, is called Bed and can be turned into a stage. There is also a spot where you can buy St. Pauli soccer related merchandise.

Being so close to Kiez, the part of Hamburg with the most nightlife and the most prostitution, Herzblut is an "orgy," full of passion and love for the place, which, illuminated by striking lamps, recreates an atmosphere that is all about soccer and goals.

Herzblut

La idea del Herzblut nació a partir del patrocinio que, desde el año 2001, ofrece una marca de cervezas al equipo de fútbol del Hamburgo St. Pauli; Herzblut significa alegría de vivir y diversión.

La inspiración del diseño partió del corazón y de las anclas que conforman el logotipo de la marca de cerveza. El corazón representa la alegría y la felicidad, el ancla representa a St. Pauli, el oficio de marinero; aunque de apariencia tosca éste, también posee la alegría de vivir, al igual que la activa y carismática zona de Kiez. Con el objetivo de crear sensación de comodidad, en el diseño se ha prestado mucha atención a los detalles: se han utilizado madera y tejidos en marrón oscuro y violeta, los cuales sugieren un ambiente cálido y relajado.

Las áreas del bar y del restaurante se encuentran separadas entre sí mediante elementos divisorios y techos de diferentes niveles.

Se ha instalado una pantalla del tamaño de uno de los muros para poder seguir encuentros de fútbol o conciertos en grandes grupos. En el restaurante se han adecuado unas separaciones que proporcionan intimidad a los clientes. El lounge, un generoso espacio en donde poder disfrutar tranquilamente del ambiente, recibe el nombre de Cama, y puede ser reconfigurado como escenario. También hay un área dedicada a la venta de productos relacionados con el equipo del St. Pauli.

Debido a la proximidad de la zona llamada Kiez, en donde Hamburgo reúne su parte más nocturna y prostibularia, el Herzblut es una "orgía", llena de la pasión y del amor del lugar, que recrea el ambiente del fútbol y los goles, iluminada con sugestivas lámparas.

The bar is built around
a large central space where
groups can follow sporting
events on the big-screen TV.

El local se ha estructurado
en torno a un gran espacio
central en donde poder seguir
las retransmisiones deportivas
en grupo a través de la gran
pantalla de televisión.

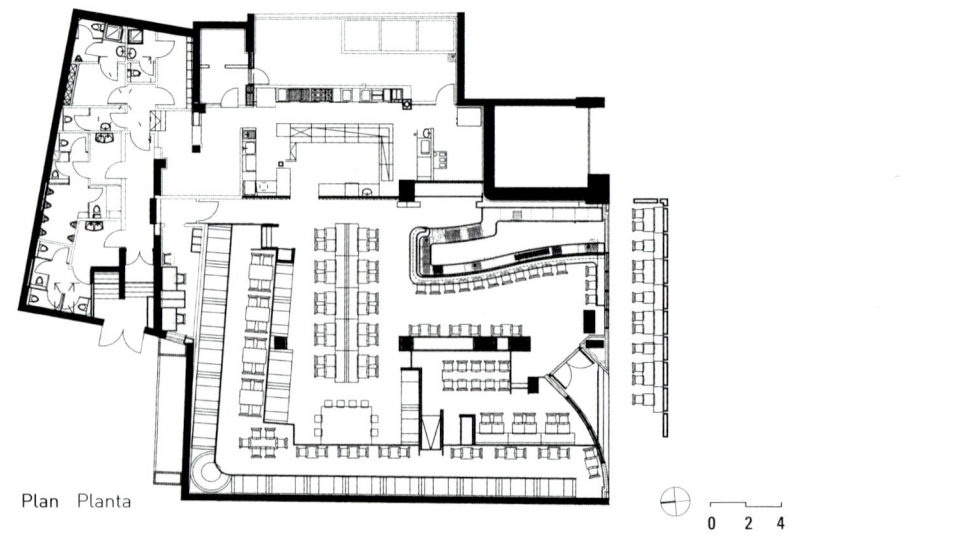

Plan Planta

0 2 4

In order to provide comfort and
warmth, along with practicality,
special emphasis was placed on
ornamental details and on the
earth tones, browns and purples.

Para dotar al local también
de comodidad y calidez, junto
a funcionalidad, se ha puesto
especial énfasis en los detalles
ornamentales y en los colores
tierra, marrón y violeta.

104

>> Moph

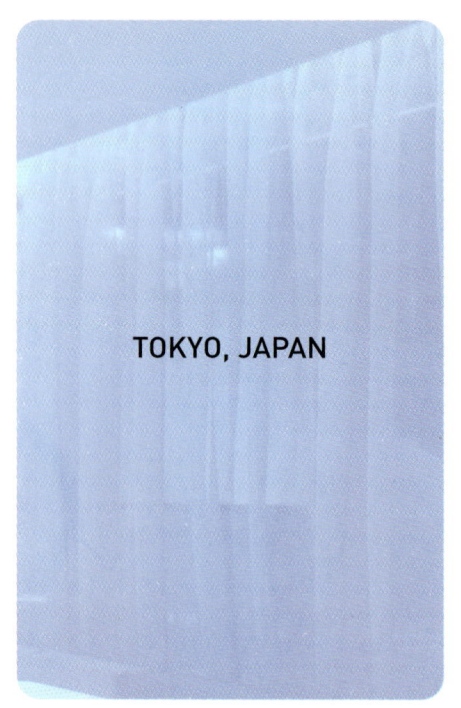

TOKYO, JAPAN

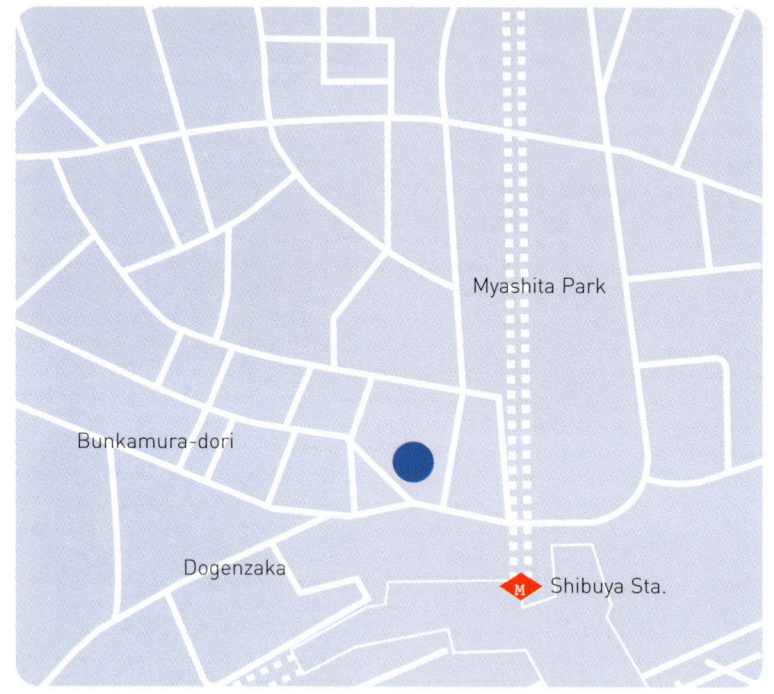

Myashita Park

Bunkamura-dori

Dogenzaka

Shibuya Sta.

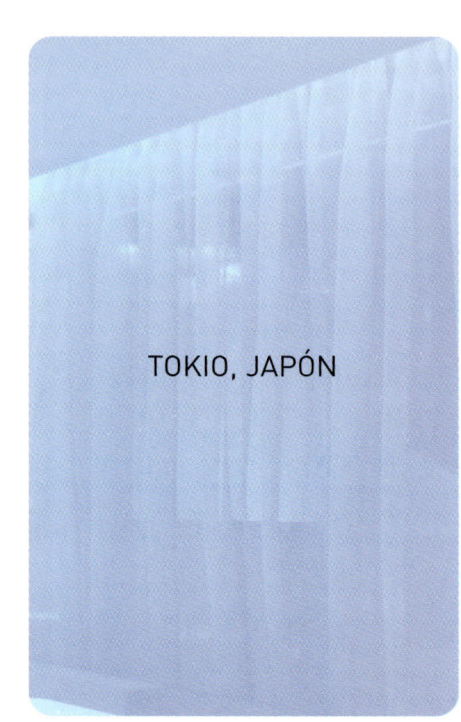

TOKIO, JAPÓN

>> Address: 15-1 Udagawa Shibuya, Tokyo, Japan

>> Designers: Claudio Colucci Design

>> Photography: Nacása & Partners

>> Area: 1,291ft²

>> Dirección: 15-1 Udagawa Shibuya, Tokio, Japón

>> Diseñadores: Claudio Colucci Design

>> Fotografías: Nacása & Partners

>> Superficie: 120 m²

Twenty-first-century Japan is a strange mix of cultures in which old Asian traditions are making way for new Western styles: Moph exemplifies this trend through the incorporation of a contemporary Japanese aesthetic, Spanish cuisine in the form of tapas and a sprinkling of the Anglo-Saxon. The design of the club comes from Claudio Colucci's interest in morphology and the way it analyzes the transition of objects from one state to another. So, by eliminating the "r" which is nearly impossible for the Japanese to pronounce, Coluccio proposes a new concept: mophing.

The layout of the bar makes the transition among the three different areas that divide the surface as fluid as possible, free of physical or optical divisions. The use of large glass partitions covered in translucent fabrics is important to this layout as it allows for the light to be manipulated.

The furnishings were designed and positioned in the club with the same objective in mind: to bring a feeling of continuity to the space and bring about morphological changes in the objects. In general, uniform tones are used; the Japanese prints are the only exception.

The video projections are equally important to the overall concept of the club. They provide Moph with an atmosphere of unreality and artistic creativity. This concept is also reinforced by computerized lighting that can change the atmosphere at different times of day.

Moph

El Japón del siglo XXI es una curiosa mezcla de culturas en donde las antiguas tradiciones asiáticas van dejando paso a nuevos modos procedentes de Occidente: el Moph ejemplifica esta tendencia mediante la incorporación en su local de la estética contemporánea japonesa, la cocina española representada por las tapas y el guiño a la cultura anglosajona.

El diseño de este local responde al interés de Claudio Colucci en la morfología y en cómo ésta analiza la transición de los objetos de un estado a otro. De esta manera, y mediante la eliminación de la impronunciable "r" para un japonés, Colucci propone un nuevo concepto: el "mophing".

La distribución de los espacios del bar logra que la transición entre las tres diferentes áreas que dividen su superficie sea lo más fluida posible, sin divisiones ópticas ni físicas. Para ello ha sido importante el uso de grandes cristaleras que se han recubierto con telas translúcidas y que permiten la manipulación de la luz.

Por su parte, el mobiliario ha sido diseñado y ubicado en el local con el mismo objetivo: para que proporcione sensación de continuidad en el espacio y sugiera cambios morfológicos en los objetos. En general, se han utilizado tonos uniformes, siendo los estampados de inspiración japonesa la única excepción.

Para el concepto del local, es igual de importante la utilización de videoproyecciones, las cuales dotan a la atmósfera del Moph de una atmósfera de irrealidad y de creatividad artística. A su vez, ésta se ha reforzado con un sistema informatizado de iluminación capaz de transformar la atmósfera a diferentes horas del día.

The bar area is free of
furnishings since they have been
positioned in other, set-apart
areas in order to foster
conversation.

El área en la que se encuentra la
barra se ha liberado de mobiliario,
aunque sí hay muebles en otras dos
zonas apartadas con el fin de
propiciar la conversación.

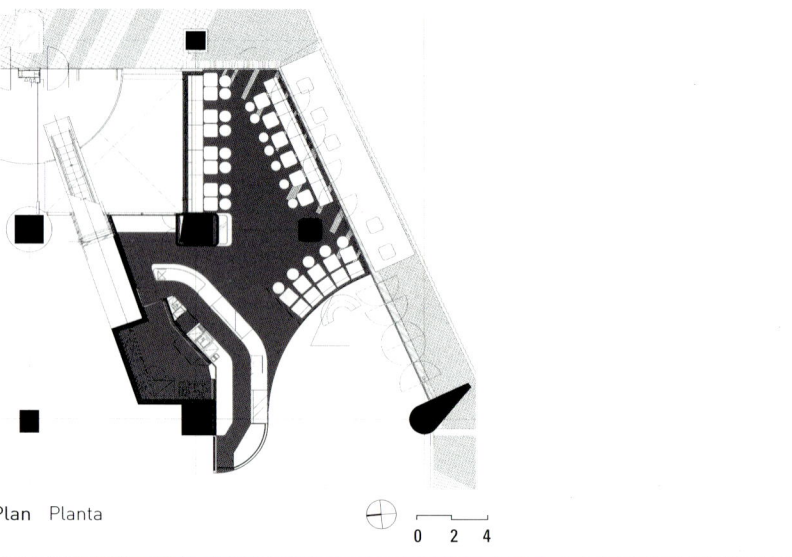

Plan   Planta

0   2   4

>> Red Room

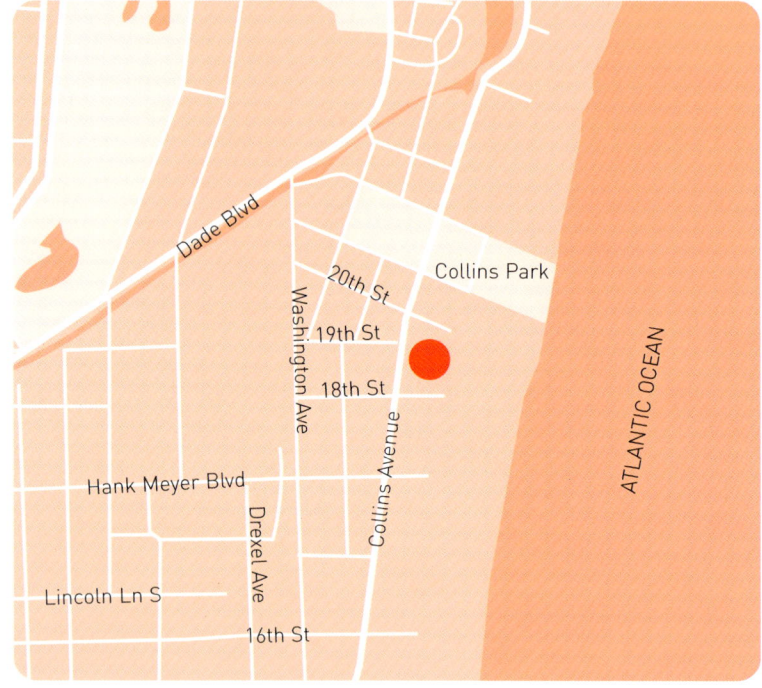

MIAMI BEACH, USA

MIAMI BEACH, EE.UU.

>> **Address:** 1901 Collins Avenue, Miami Beach, USA

>> **Designer:** Anda Andrei

>> **Photography:** Pep Escoda

>> **Dirección:** 1901 Collins Avenue, Miami Beach, EE.UU.

>> **Diseñador:** Anda Andrei

>> **Fotografías:** Pep Escoda

The Red Room is located in The Shore Club hotel, one of the establishments recently opened by businessman Ian Schrager in Miami. Located on the ninth floor of what were once two Art Deco hotels, the Red Room unites all the elegance and glamour that have made this chain of hotels famous. The bar is a square room where the bold design, full of personality, stands out.

The design is based on incandescent reds which are intensified by illuminated fiberglass panels. The wooden floor is lacquered in red. Strung beads of engraved nickel form the curtains around the room, providing a shimmering cover that reflects and expands the red light.

Visually, the space is defined by a continuous bench lined with synthetic silk and handmade cushions in different red, orange and gold tones.

The combination of classic and modern balances the design in an atemporal environment: a pool table covered in stainless steel and upholstered in red, chairs in silvery Indian prints, silver trays, Napoleon III-style chairs upholstered in silvery silk and glass chandeliers make for a theatrical environment. The use of mythical Arab divans and the large quantity of cushions make the place very comfortable, foster conversation and encourage people to relax with company.

The design aims to excite and wake up the senses and to offer atmospheres infused with sensuality. Choosing Oriental motifs is always a guarantee of exoticism, adventure, sensuality and warmth.

Red Room

El Red Room se encuentra dentro del hotel The Shore Club, uno de los más recientes establecimientos abiertos en Miami por el empresario Ian Schrager. Ubicado en un edificio de nueva planta sobre un terreno en donde antes se encontraban dos hoteles art déco, el Red Room reúne toda la elegancia y el glamour que ha hecho famosa a esta cadena de hoteles.

El bar es una habitación cuadrada en donde el diseño destaca por su fuerza y personalidad. El diseño del local se ha basado en rojos incandescentes, intensificados con paneles de fibra de vidrio iluminados. El suelo es de madera de teka lacada en rojo. Por su parte, todas las paredes se encuentran cubiertas de cortinas de cuentas de níquel plateado labrado que rodean la habitación, proporcionando una cubierta que refleja y expande la luz roja.

Visualmente, el espacio queda delimitado por un banco continuo forrado con tejido de seda sintética y cojines hechos a mano en diferentes tonalidades de rojo, naranja y oro.

La combinación de muebles clásicos y modernos equilibra el diseño en una atmósfera atemporal: una mesa de billar chapada de acero inoxidable con tapiz de color rojo, sillas estampadas con tejidos plateados de la India, bandejas de plata, sillas estilo Napoleón III tapizadas en seda de plata o candelabros de cristal componen un ambiente muy teatral. La utilización de los míticos divanes árabes y de gran cantidad de cojines sugiere gran comodidad, propicia para la charla y la relajación en compañía.

El objetivo del diseño es motivar y despertar a los sentidos y sugerir atmósferas envolventes de gran sensualidad. La elección de motivos orientales es siempre garantía de exotismo, aventura, sensualidad y calidez.

The placement of the divans
is faithful to those found
in traditional Muslim homes:
around the perimeter of the
room, next to low tables
and surrounded by poufs.

La ubicación de los divanes es
fiel a la que se encuentra en
los hogares de tradición musulmana:
alrededor del perímetro de la
estancia y junto a mesas bajas
y pufs ubicados en su entorno.

The lighting consists of lamps
and cut crystal chandeliers
placed throughout the bar
in order to achieve an exotic
and suggestive atmosphere.

La iluminación consiste en lámparas
y candelabros de cristal tallado
ubicados por todo el local para
conseguir una atmósfera exótica y
sugerente.

114

>> Mynt

MIAMI BEACH, USA

Sunny Isles Blvd.

Ocean Beach Blvd

Collins Avenue

ATLANTIC OCEAN

Kings Pt Dr

Oleta River
State Recreation
Area

Haulover Park

MIAMI BEACH, EE.UU.

>> Address: 1921 Collins Avenue, Miami Beach, USA

>> Architect: Juan Carlos Arcila-Duque

>> Photography: Pep Escoda

>> Area: 19,669ft²

>> Dirección: 1921 Collins Avenue, Miami Beach, EE.UU.

>> Arquitecto: Juan Carlos Arcila-Duque

>> Fotografías: Pep Escoda

>> Superficie: 1.828 m²

The basic concept for the decorating in Mynt lies in a new generation of club-goers in Miami. So, Juan Carlos Arcila-Duque had many sources of inspiration: architectural elements and materials from his New York period, the city that inspires this new generation, and Mynt's location, which is what sparked the retro style since this building housed one of the most famous coffee shops of the 1950's.

Mynt is divided into three spaces: the entrance, the Grand Lounge and the Ultra Lounge.

What makes Mynt different from other clubs is the incorporation of natural night light into the space, creating an urban, but at the same time, exclusive feel. The dark entrance accompanies the guests into the interior, still sheltering them from the dark they have left in the street. This effect continues inside through the club and it gets darker or lighter depending on the ambience.

The walls are painted mint green with a synthetic, plastic paint. Mint green reigns in the entrance as well, this time applied to the smooth and shiny benches, tables and poufs.

Between the entrance and the Grand Lounge, the Mynt logo reflects on a large, floor-to-ceiling glass panel. The logo is inspired by Issey Miyake's store in New York's Soho.

In the Ultra Lounge, the front of the bar counter is decorated with luminous images in white Plexiglas, which cause a chameleon-like effect and play with the rest of the lighting.

Mynt

El concepto base de la decoración del Mynt se apoya sobre todo en una nueva generación de público nocturno de Miami. Para ello, Juan Carlos Arcila-Duque se ha inspirado en diversas fuentes: elementos arquitectónicos y materiales provenientes de su etapa en Nueva York, ciudad inspiradora de esta nueva generación, pero también en el pasado del establecimiento; ésta ha aportado el estilo retro del local, pues en este edificio se ubicaba una de las cafeterías más famosas de los años cincuenta. La superficie está dividida en tres atmósferas: entrada, Gran Lounge y Ultra Lounge. El rasgo diferencial respecto a otros locales es la incorporación de la luz natural de la noche en el lugar, con lo cual se consigue un ambiente urbano, a la vez que muy exclusivo: la oscura entrada acompaña al cliente hasta el interior, amparándolo todavía en la oscuridad que ha dejado en la calle. El efecto lumínico continúa una vez dentro, a través del local, y se hace más oscuro o luminoso según el ambiente en el que se encuentre el visitante.

Las paredes han sido tratadas con pintura sintética plastificada de color verde menta. En la entrada predomina también este tono, pero aplicado en los lisos y brillantes bancos, mesas y pufs.

Entre la entrada y el Gran Lounge hay una gran superficie acristalada, que va de techo a suelo, en el que se refleja el logo del Mynt, inspirado por la tienda que Issey Miyake posee en el Soho neoyorquino. En el Ultra Lounge, la pared frontal a la barra del bar se encuentra adornada con imágenes luminosas de plexiglás blanco, lo cual aporta una sensación camaleónica al ambiente y juega con el resto de la iluminación.

The Ultra Lounge is a classic
space with a fresh design
where low sofas help make
guests comfortable.

El Ultra Lounge es un espacio
de inspiración clásica y fresca
en el diseño, en el cual varios
sofás proveen de comodidad
al visitante.

men

women

restrooms

The Ultra Bar is the crux of the
Ultra Lounge where a long wooden
counter runs along an entire wall.
Piped through the ventilation
system, a different aroma perfumes
the club each night.

El Ultra Bar es la pieza central del
Ultra Lounge, en donde una extensa
barra de madera ocupa,
longitudinalmente, una de las paredes
del espacio. A través del aire
acondicionado, cada noche se perfuma
el local con un aroma diferente.

TEL-AVIV, ISRAEL

TEL AVIV, ISRAEL

>> Address: Tel-Aviv Port, Tel-Aviv, Israel

>> Designer: Michael Azulay

>> Photography: Yael Pincus

>> Area: 15,064ft²

>> Dirección: Puerto de Tel Aviv, Tel Aviv, Israel

>> Diseñador: Michael Azulay

>> Fotografías: Yael Pincus

>> Superficie: 1.400 m²

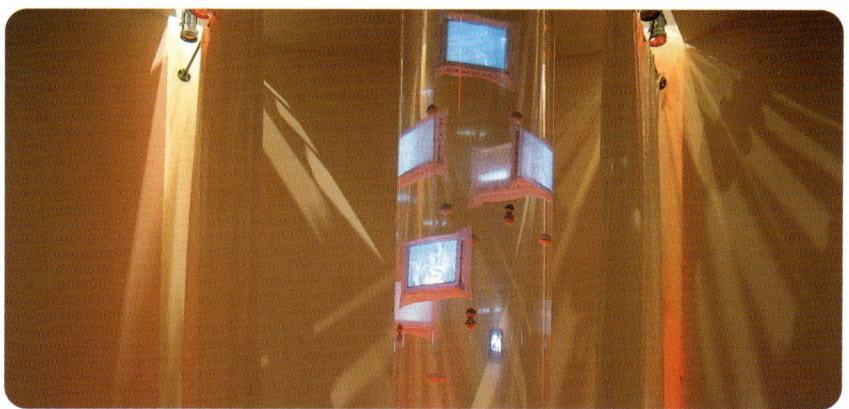

As in most of his work, designer Michael Azulay has paid special attention to the user's comfort, spiritually as well as visually.

The design of the club is focused on the creation of good vibrations, not only through the use of color, lights, materials and music, but also by creating practical places that please the clients.

The central area is the wooden dance floor divided into two parts by a slight slope in the floor, making two spaces in one. This gives the bar a life of its own.

The Latin cross floor plan allows for a greater number of people to make use of the space. A rotating vertical statue rises up out of the center of the cross emitting horizontal lights that spread out across the space. This central element is not just practical, it also constitutes the centerpiece for the club's atmosphere.

Other lamps hang over the area and offer other spotlights in different shapes and colors.

Balconies, where you can take in the whole atmosphere, surround the main the dance floor and create smaller, more intimate areas.

All the corridors and hallways connecting the main spaces to the restrooms are lined with seats in order to eliminate the empty, wasted space found so often in large clubs. Some of the materials used include vinyl, porcelain and laminated fibers. The pipes and air conditioning ducts were left exposed along the ceiling bestowing the place with an industrial look.

TLV

Como en la mayoría de sus trabajos, el diseñador Michael Azulay ha prestado especial atención a la comodidad del usuario, tanto espiritual como visual.

El diseño de este local se ha centrado en la creación de buenas vibraciones, no únicamente a través del uso del color, luces, materiales y música, sino mediante la creación de espacios funcionales para complacer a los clientes. El área central es una pista de baile con suelo de madera que se encuentra dividida en dos partes mediante un ligero desnivel en el suelo, con lo cual resultan dos espacios en uno. Esto hace que el bar central tenga vida propia.

La forma de cruz de la planta conlleva una distribución espacial que permite que un mayor número de gente pueda hacer uso del lugar. Desde el centro de la cruz se alza un elemento vertical rotante similar a una estatua que emite luces horizontales que se despliegan sobre el local. Este elemento central no es exclusivamente práctico, sino que constituye la pieza central de la atmósfera del local.

Otras lámparas penden sobre la superficie y ofrecen otros focos de luz de diferentes formas y colores.

Alrededor de la pista central se han instalado balcones desde los que poder observar el ambiente, que crean pequeñas áreas más íntimas. Todos los pasillos y pasadizos que conectan los espacios principales y los servicios disponen de asientos para evitar las típicas zonas vacías y desaprovechadas que a veces se producen en los grandes locales.

Algunos de los materiales empleados son el vinilo, la cerámica y las fibras laminadas. En el techo se han dejado al descubierto las tuberías y los conductos de aire acondicionado y calefacción, lo cual confiere un aspecto industrial al local.

The artificial lighting is able
to reproduce the transition
of going without natural light
from dusk to dawn.

La iluminación artificial del local
es capaz de reproducir la transición
de ir pasando de la luz natural
de la noche al amanecer.

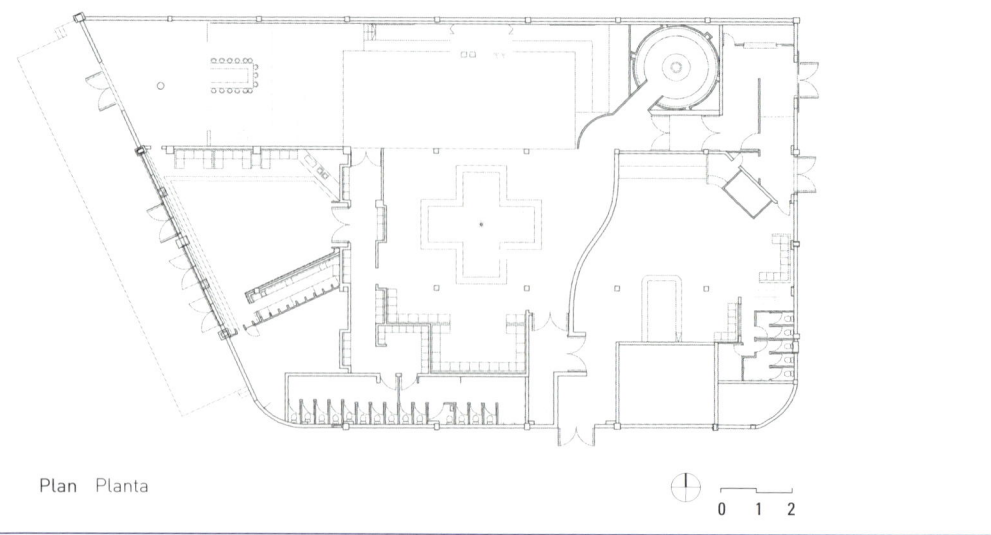

Plan   Planta

0   1   2

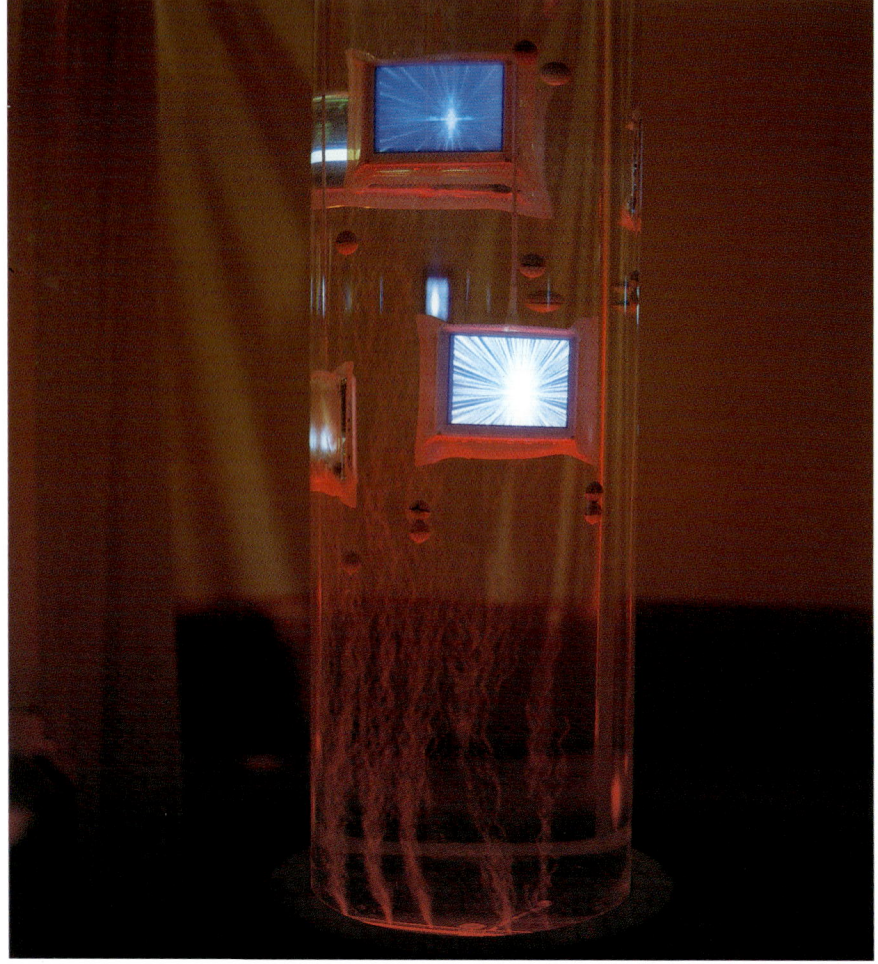

The club includes an
air-conditioned hall for private
parties that has large windows
with views of the Mediterranean.

El local cuenta con una sala
acondicionada para celebrar fiestas
privadas, la cual posee grandes
ventanas con vistas al Mediterráneo.

128

>> Kong

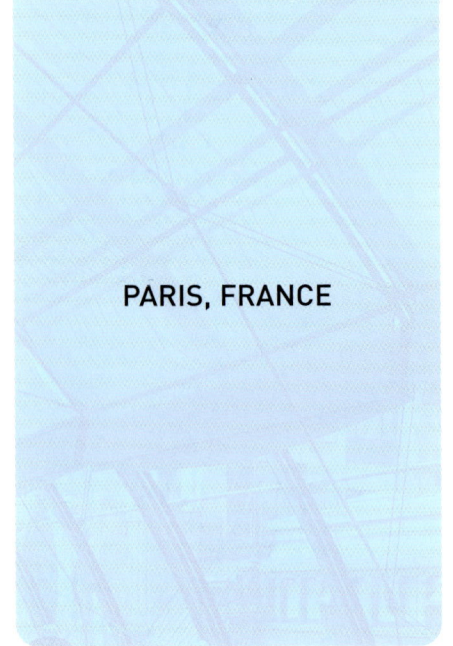

PARIS, FRANCE

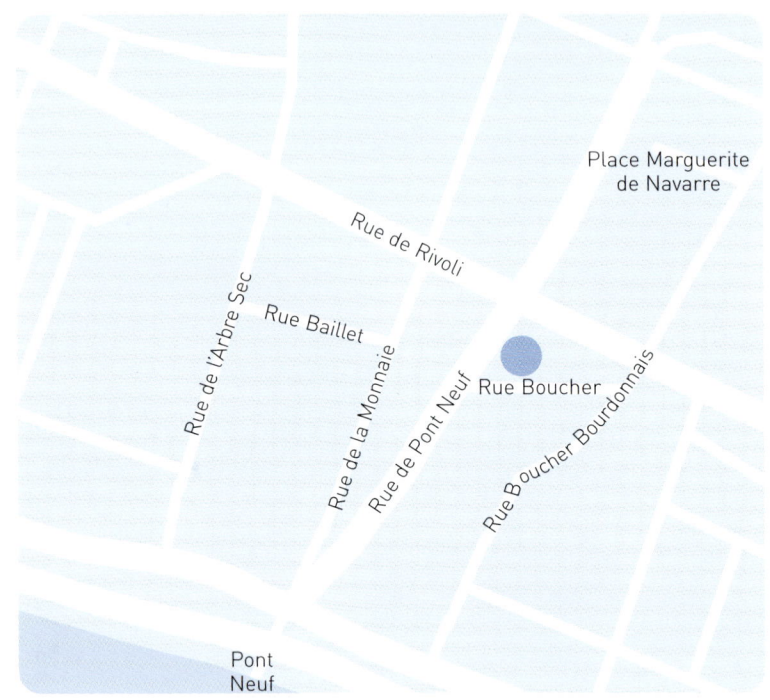

Place Marguerite
de Navarre

Rue de Rivoli

Rue de l'Arbre Sec

Rue Baillet

Rue de la Monnaie

Rue de Pont Neuf

Rue Boucher

Rue Boucher Bourdonnais

Pont
Neuf

PARÍS, FRANCIA

>> **Address:** 1 Rue du Pont Neuf, Paris, France

>> **Designer:** Philippe Starck

>> **Photography:** Pep Escoda

>> **Dirección:** 1 Rue du Pont Neuf, París, Francia

>> **Diseñador:** Philippe Starck

>> **Fotografías:** Pep Escoda

Kong, is on the fifth and sixth floors of a building constructed between 1578 and 1660 (the dome was designed by the contemporary architect Jean-Jacques Ory, however). It is in the historical center of Paris and combines the beauty of Philippe Starck designs and the never-ending attraction of impressive views of the Seine and the church of Saint Sulpice.

The bar's design is a fusion of French and Japanese cultures, the main link being the image of the traditional geisha and that of modern woman. Thus, the traditional and the contemporary blend in this glass construction that uses similarly transparent furniture to play a space game. The faces of the geishas are repeated on the backs of the chairs and on the room dividers, in a kind of reflected superimposition of faces. This does no harm to the objective of Philippe Starck: the creation of a warm, welcoming room, even for those who arrive unaccompanied, a sensation of "designed companionship."

Spectacular views of Paris surround the bar and provide a wonderful context: Parisian sophistication. Important here is the effect of the colors used traditionally by Starck: pastels (in the Louis XV chairs), fuchsia (in the lamp), acid green (the walls), and of course the silvering in some of the chairs and the marble textures indirectly lighted by a system characteristic of this designer.

In sum, the Kong is an ironic, playful revision of Parisian essence via a faraway, different culture like the Japanese.

El Kong, ubicado en las plantas quinta y sexta de un edificio construido entre 1578 y 1660 –con una cúpula diseñada por el arquitecto contemporáneo Jean-Jacques Ory–, en el corazón del centro histórico de París, aúna la belleza de los diseños de Philippe Starck y el atractivo de las impresionantes vistas del Sena y la iglesia de Saint Sulpice.

El diseño del local fusiona las culturas francesa y japonesa mediante el hilo conductor de la imagen de la tradicional geisha y de la mujer actual; lo tradicional y lo moderno se conjugan en un recipiente acristalado que utiliza mobiliario también transparente para crear un juego de espacios. Distintos rostros de geishas se repiten en los respaldos de las sillas y en los paramentos separadores, lo cual permite una superposición de rostros. Esta solución participa en el objetivo de Philippe Starck: conseguir un ambiente acogedor, incluso alguien sin acompañante, al generar una sensación de "compañía diseñada".

Las espectaculares vistas de París envuelven el local y le confieren el contexto necesario: la sofisticación parisina. En este ambiente son muy importantes los colores utilizados tradicionalmente por Philippe Starck: tonos pastel en sillas tipo Luis XV, fucsia en la lámpara, verde cata en las paredes, plateado en algunas sillas y texturas de mármol iluminado por punto de luz indirecta, características de este diseñador.

En conjunto, el diseño del Kong es una irónica y lúdica revisión de la esencia parisina desde el punto de vista de una cultura tan lejana y diferente como la japonesa.

The objective of the owner of the
restaurant was to create a place
in which Parisians could enjoy
attractively designed interiors.

El objetivo del propietario del
restaurante fue crear un lugar para
los parisinos que les permitiera
disfrutar de un atractivo diseño
de interiores y de la propia ciudad
de París.

Prochaine exposition

L'or avec le fer
Les savoir-faire d'Olivier Gagnère

du 25 juin au 7 septembre 2003

132

>> Le Petit Café

PARIS, FRANCE

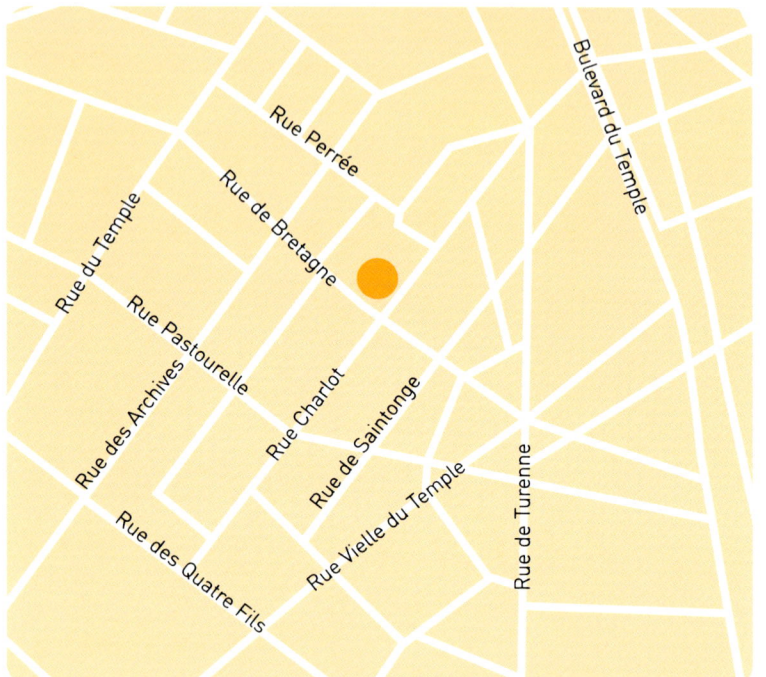

Rue Perrée

Bulevard du Temple

Rue de Bretagne

Rue du Temple

Rue Pastourelle

Rue des Archives

Rue Charlot

Rue de Saintonge

Rue Vielle du Temple

Rue de Turenne

Rue des Quatre Fils

PARÍS, FRANCIA

>> **Address:** 9 Rue Charlot, Paris, France

>> **Architect:** Christian Biecher

>> **Photography:** Jean-Luc Mabit, Dorothea Resch/Omnia

>> **Area:** 237ft²

>> **Dirección:** 9 Rue Charlot, París, Francia

>> **Arquitecto:** Christian Biecher

>> **Fotografías:** Jean-Luc Mabit, Dorothea Resch/Omnia

>> **Superficie:** 22 m²

There is a strict code regarding the historical conservation of buildings in the old part of Paris. This club's biggest problem was the lack of direct street level access and opening one was prohibited so they worked around this problem by offering diverse cultural exhibitions.

This small café is located in what was once a lobby, and offers a contemporary vision of intimate cafés that exemplified early-twentieth-century Paris.

The café has two spaces: one inside, the other out. The polychromatic interior in warm colors is achieved through the use of 7.5-foot stratified yellow plank molds on the walls. Using these plank molds they also redid the electrical installation and heating system.

The lighting is hidden in the walls, so it is indirect and creates an intimate atmosphere. Also in the walls, there are small openings designed by the artists themselves in order to advertise upcoming exhibitions.

Inside, there are five small wooden lacquered tables with glazed glass stems arranged on velvet rugs. The chairs and stools are leather in yellow and green tones with stainless steel crossbeams. Such discretion is also found in the bar, done in voluminous, soft shapes; its pneumatic curves are fun and playful.

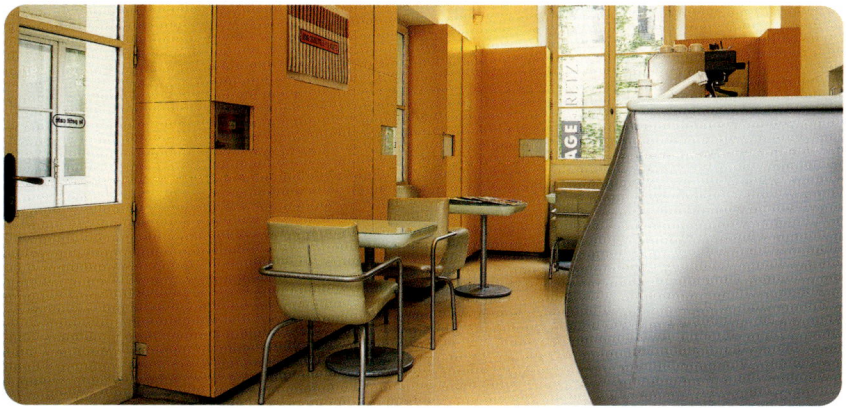

Le Petit Café

En los edificios de la parte antigua de París, la conservación histórica se lleva a cabo dentro de estrictas normas: el mayor de los problemas de este local es carecer de una entrada directa desde la calle y no poder abrir una nueva, así que este espacio ha reconducido este obstáculo con las diversas exposiciones culturales que en él se ofrecen.

Este pequeño café está situado en lo que había sido un vestíbulo de entrada, y ofrece una versión contemporánea de los íntimos cafés de principios de siglo que ilustraron la fisonomía urbana de esta ciudad.

El café dispone de dos espacios: uno exterior y otro interior. El policromado interior es de tonos cálidos, plasmado mediante un encofrado de amarillo estratificado sobre las paredes, de 2,30 m de altura; con ello se ha reforzado la instalación eléctrica y se ha actualizado el sistema de calefacción.

La iluminación se ha instalado oculta en las paredes, para que sea indirecta y cree una atmósfera de intimidad. En las paredes se han practicado unas pequeñas aberturas en las que se anuncian las exposiciones temporales, diseñadas por los propios artistas.

En el interior del local hay cinco pequeñas mesas de madera lacada con el soporte de cristal esmaltado, dispuestas sobre alfombras de terciopelo. Las sillas y los taburetes son de cuero en tonos verdes y amarillos, con travesaños de acero inoxidable. El objetivo de la discreción de este mobiliario es la importancia del diseño de la barra del bar, de formas voluminosas y blandas; sus curvas neumáticas sugieren un diseño lúdico y cargado de buen humor.

The bar itself is a wooden
structure filled with foam and
covered in PVC-coated canvas; it
is very practical because the
color of the bar can be switched
just by changing the canvas.

La barra del bar está compuesta por
una estructura de madera rellena de
espuma y revestida de lona
recubierta de PVC; la funcionalidad
es enorme, pues el color de la
barra puede variar sólo con cambiar
la lona.

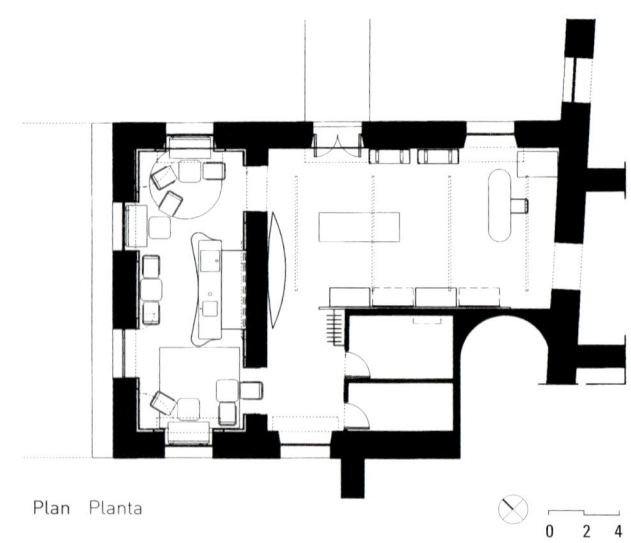

Plan Planta

0 2 4

Prochaine exposition

**L'or avec le fer
Les savoir-faire d'Olivier Gagnère**

du 25 juin au 7 septembre 2003

le petit café

```
The polychromatic quality of
the place comes from the use
of warm colors. The visitor
finds a calm, cozy spot for
taking in art exhibitions.

La policromía del local se
caracteriza por el empleo de colores
cálidos para que el visitante
encuentre en este espacio
tranquilidad y recogimiento para
disfrutar de las exposiciones
temporales.
```

138

>> CATA 1'81

BARCELONA, SPAIN

Carrer Mallorca

Carrer Enric Granados

Carrer Aribau

Plaça Dr. Letamendi

Carrer València

Carrer Aragó

Carrer Consell de Cent

BARCELONA, ESPAÑA

>> **Address:** València 181, Barcelona, Spain

>> **Interior Designer:** Roger Bellera

>> **Photography:** Jordi Miralles

>> **Area:** 1,065ft²

>> **Dirección:** València 181, Barcelona, España

>> **Interiorista:** Roger Bellera

>> **Fotografías:** Jordi Miralles

>> **Superficie:** 99 m²

This club aims to offer an extensive selection of Spanish and imported wines at reasonable prices with expert advice and suggestions from the sommelier. The wine tasting is accompanied by elegantly presented, original fine dining.

This building, which used to be a grill, was in a state of extreme disrepair. The renovation was done on a tight budget, so the architects had to resort to inexpensive materials. They tried to give the place lots of charisma and create a sleek, luminous, contemporary space with a minimalist aesthetic. The minimalist decorating and well-litghted tables let the wine stand out. The original glazed ceramic floor was covered over in polished cement, buffed by hand and finished with a polyurethane varnish. The ceiling, made of pine Masonite, was covered over with sheets of galvanized steel like those used for industrial concrete construction.

The stucco walls were covered with large panels of Dekmat covered in a glossy white plastic.

The wine cellar and a private room are located in what was once a pantry, creating a cozy, intimate environment. The wine rack, also done on a shoestring budget, is made out of a 0.12 inch-thick iron sheet, folded and welded into many small cubbyholes where about 15,000 bottles of wine can be stored.

CATA 1'81

El objetivo del local era ofrecer una extensa selección de vinos españoles y de importación, a buen precio, con sugerencias y comentarios especializados del somelier. La degustación de vinos se acompaña con una muy bien presentada selección de platos de alta cocina de autor.

Se partió de un local que se encontraba en un estado de degradación total y en donde con anterioridad había habido una brasería. La reforma se efectuó con un presupuesto muy ajustado, por lo que hubo que recurrir a materiales económicos y tuvo que dotarse de carisma en la búsqueda de un espacio limpio, luminoso, contemporáneo y dentro de una tendencia de estética minimalista. Se eligió esta corriente para proporcionar al color del vino el mayor protagonismo posible, de modo que los tonos debían ser lo más neutros posible y las mesas debían estar muy bien iluminadas.

Sobre el suelo existente de cerámica esmaltada se proyectó un pavimento continuo de cemento, pulido, enlucido a mano y acabado con barniz de poliuretano.

El techo, machihembrado de madera de pino, fue cubierto con planchas de acero galvanizado para encofrados de forjados industriales. Las paredes estucadas, de gota gorda, se revistieron con grandes placas de madera de DM acabadas y pintadas con esmalte sintético satinado blanco.

La bodega y un espacio reservado se ubicó en una zona que había estado ocupada por un pequeño almacén, lo que generó un ambiente más íntimo y acogedor. El botellero, continuando en la línea de bajos costes, se elaboró con plancha de hierro de 3 mm, doblada y soldada; el resultado fueron unos cubículos en donde pueden almacenarse unas 15.000 botellas.

The large tables, made of solid pine and finished with Italian laminate that imitates wengue wood, add to the relaxed, casual atmosphere.

Las mesas, de gran tamaño, están elaboradas con madera maciza de pino y chapadas con estratificado italiano que imita la madera de wengué, y reflejan un ambiente contemporáneo y desenfadado.

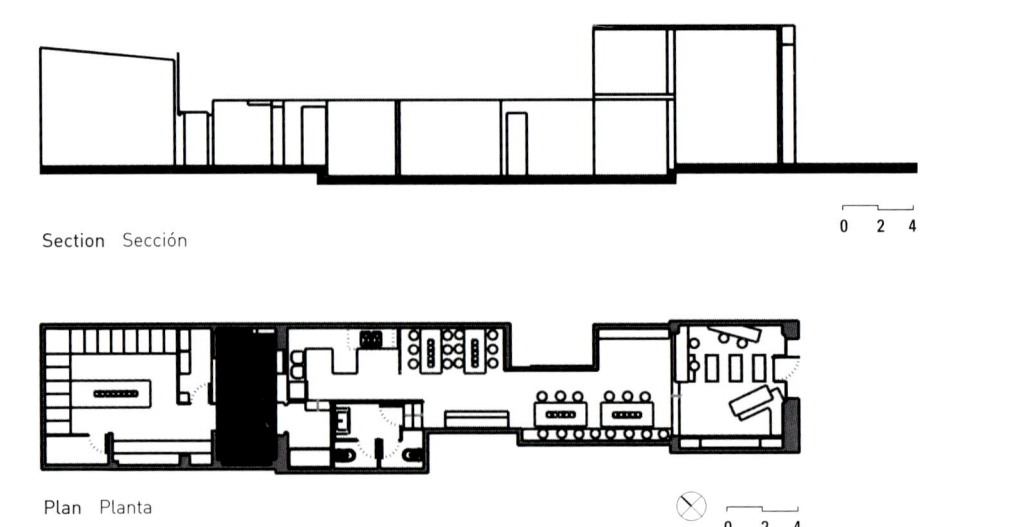

Section Sección

0 2 4

Plan Planta

0 2 4

Except for the large pine table,
the rest of the furnishings are
Masonite covered in glossy white
Formica or Dekmat wood with a
shiny synthetic glaze.

Excepto las grandes mesas de pino,
el resto del mobiliario se elaboró
con madera de aglomerado chapado
con formica blanca brillante
o madera de DM pintada con esmalte
sintético satinado.

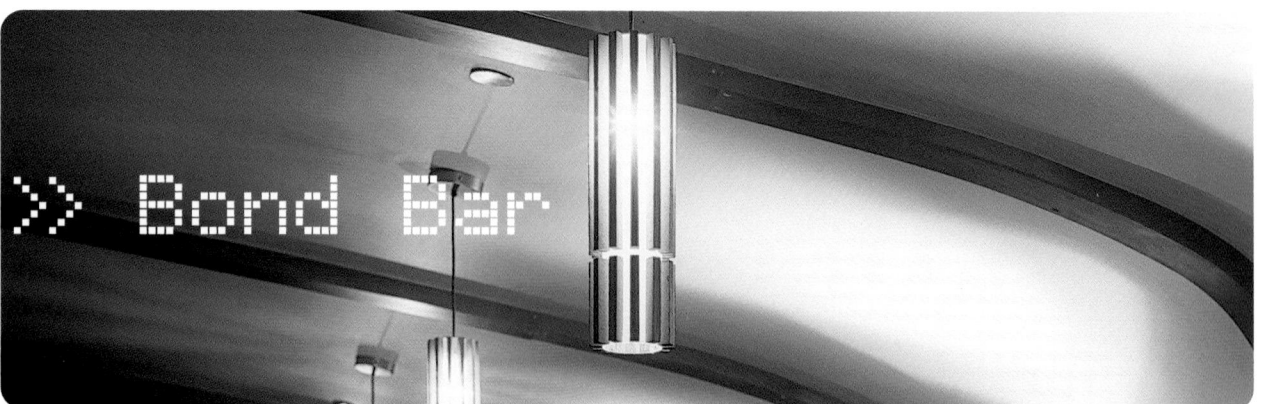

144

>> Bond Bar

MELBOURNE, AUSTRALIA

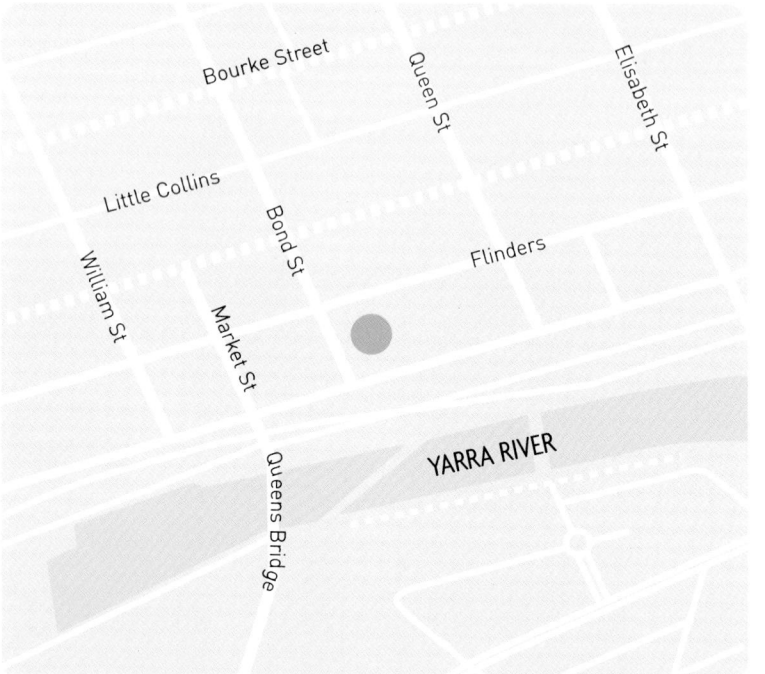

Bourke Street
Queen St
Elisabeth St
Little Collins
Bond St
Flinders
William St
Market St
Queens Bridge

YARRA RIVER

MELBOURNE, AUSTRALIA

>> Address: 24 Bond Street, Melbourne, Australia

>> Architects: Playground

>> Photography: Shania Shegedyn

>> Area: 6,456ft²

>> Dirección: 24 Bond Street, Melbourne, Australia

>> Arquitectos: Playground

>> Fotografías: Shania Shegedyn

>> Superficie: 600 m²

This sensual club in downtown Melbourne is bound to put visitors in a good mood. The space stands out visually due to the influence of Art Deco, on the one hand, and minimalism on the other. In fact, the aesthetic of the bar stems from the combination of art and design.

Located in the basement of an office building, Bond uses simplicity to create an elegant, sophisticated space through the lighting.

At the entrance, the simplicity of the ornamentation is outdone by the light sources. The concave ceiling stands out in the central area. It forces the walls to curve and creates perfect acoustics, which define the space's perspective and allow for the creation of independent areas, like the members-only room, powder room, etc. The central area is divided into three levels, connected by stairs.

The designers wanted this to be a visual feast so each and every element is extraordinarily important in the design. The materials are also diverse: wood, leather, various tiles, pressed metal sheets in classic Tuscany designs, mixed with felt rugs, stone and other artistic elements that promote interaction between the elements themselves as well as the elements and the people.

Bond Bar

Sensualidad y buen humor son las dos palabras con las que podría definirse a este local del centro de Melbourne. El diseño del espacio destaca visualmente por la influencia estilística del art déco, por un lado, y del minimalismo, por otro; de hecho, la estética del bar nace de la combinación de arte y diseño.

Ubicado en los sótanos de un edificio de oficinas, el Bond utiliza la simplicidad para crear un espacio de calidad y sofisticación mediante el empleo de los juegos de luces.

La entrada al local es un área en donde la sencillez de la ornamentación se encuentra suplantada por las fuentes de luz que emanan en el espacio. En la zona central lo más significativo es el techo cóncavo, que fuerza a las paredes del local a adoptar la curvatura que las caracteriza; además de crear una acústica perfecta, esto define la perspectiva del espacio y permite la creación de áreas independientes, como la habitación para los socios, la habitación de maquillaje, etcétera. El área central se divide en tres niveles, comunicados por escaleras.

Uno de los objetivos es que el local sea una experiencia visual, por ello cada elemento del bar tiene una importancia extraordinaria en el diseño. Los materiales son, asimismo, diversos: madera, cuero, baldosas variadas, chapas de metal estampadas en el clásico Toscana, mezclado con alfombras de felpa y piedra y otros elementos aportan connotaciones artísticas y la impresión de la interacción entre los elementos entre sí y entre éstos y la gente.

The design consists of repetition
and uniformity, in the spacious
areas as well as in the smaller
ones, which were created in order
to spark a bit of curiosity.

El diseño consiste en la repetición
y en la uniformidad, tanto en las
zonas más amplias como en los
pequeños espacios creados para
motivar una lúdica curiosidad.

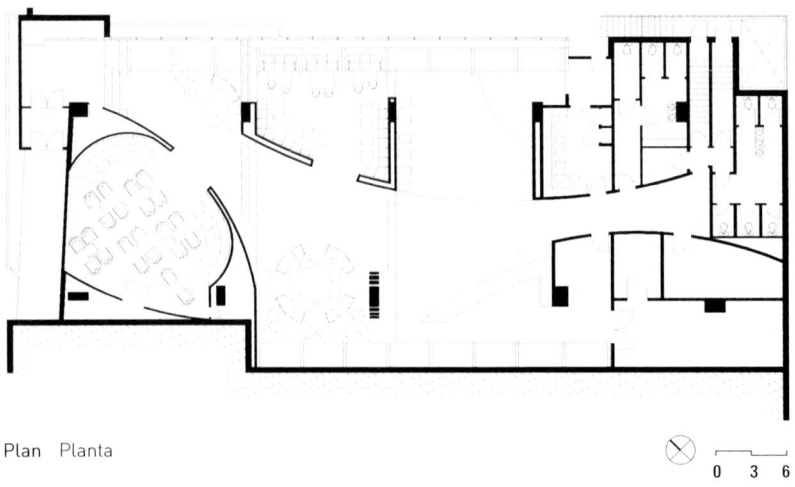

Plan Planta

0 3 6

The concave shape of the walls
allows for the creation of
adjacent seats that accentuate
the spaciousness. Mirrors were
also installed in order to
optically expand the club.

La forma cóncava de las paredes
permite la creación de asientos
adosados a ellas, con lo cual se
acentúa la amplitud del espacio.
También se han instalado espejos
para multiplicar ópticamente el
local.

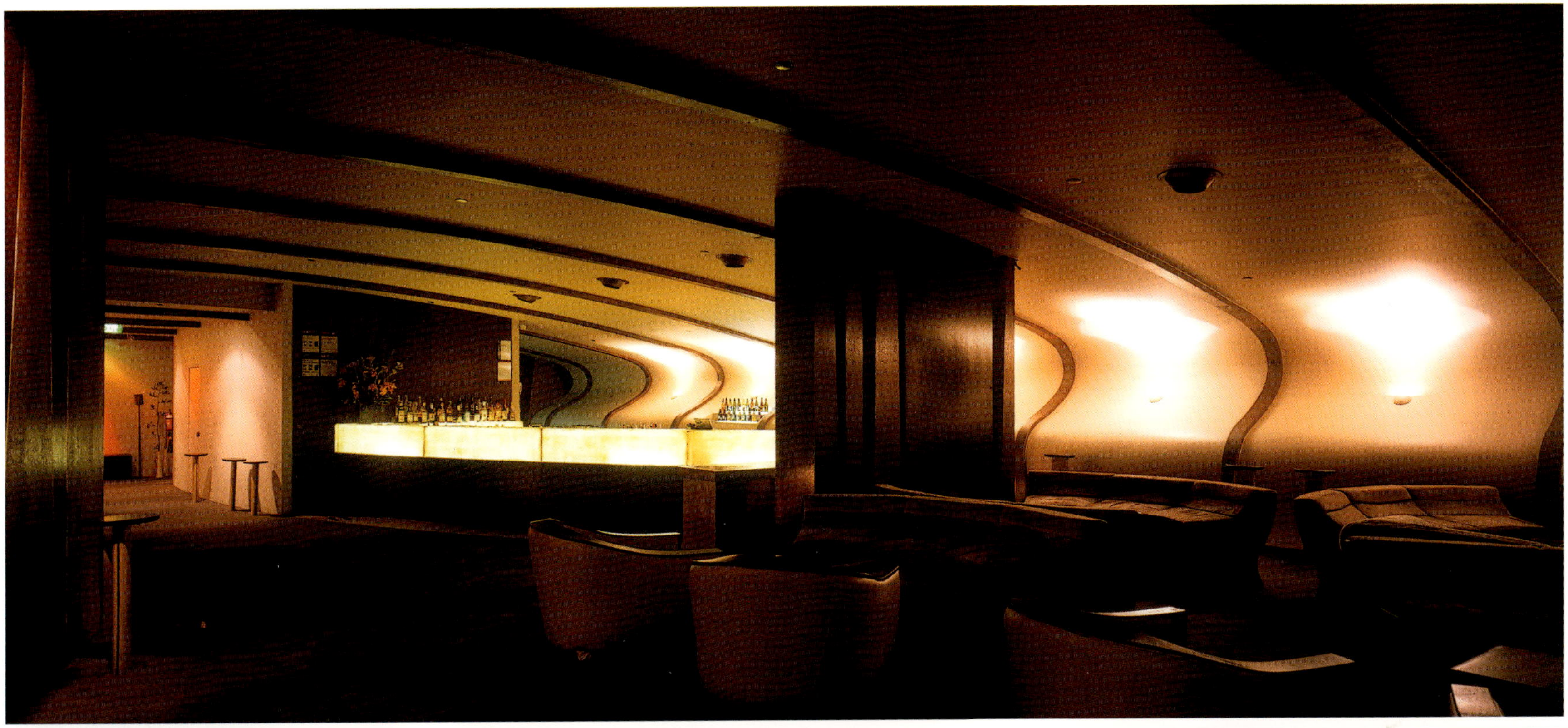

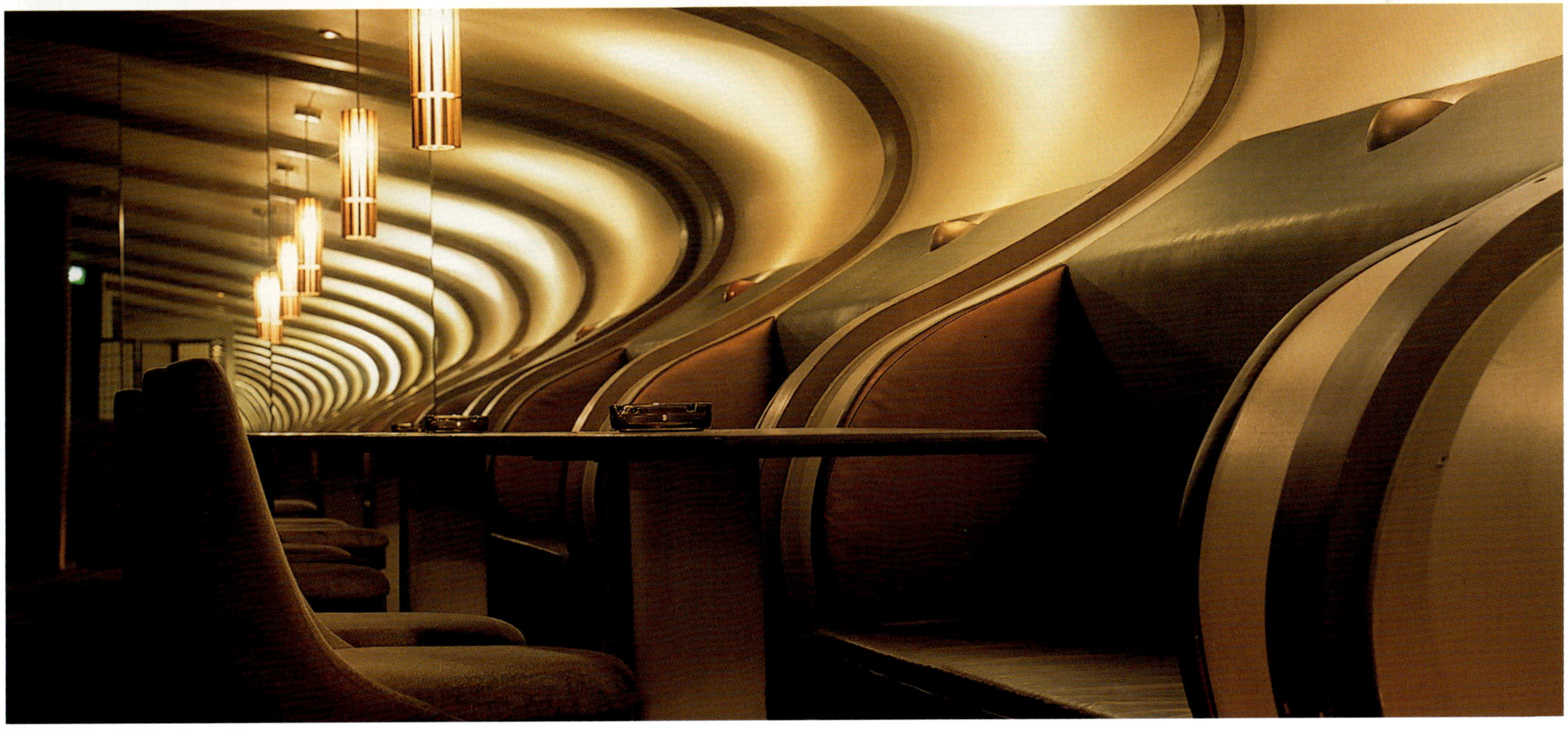

150

>> Lounge 808

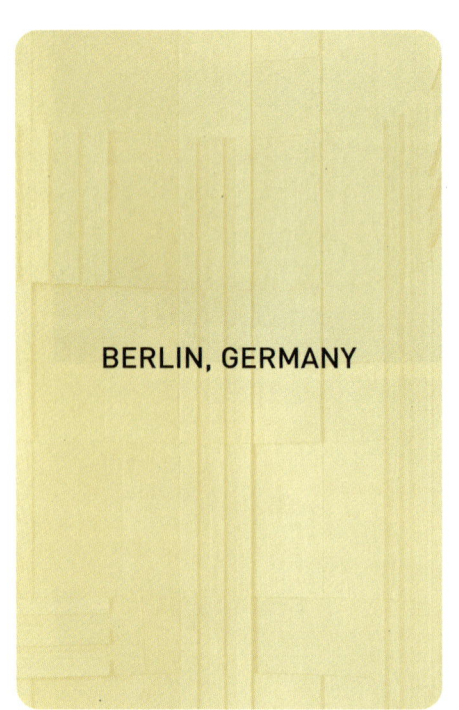

BERLIN, GERMANY

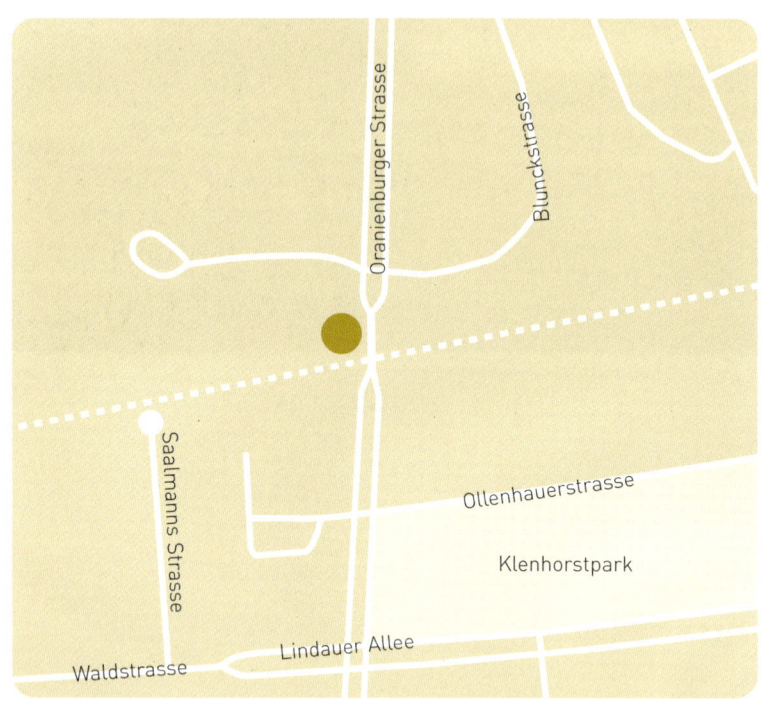

BERLÍN, ALEMANIA

>> **Address:** Oranienburger Strasse 42-43, Berlin, Germany

>> **Architects:** Plajer & Franz Studio

>> **Photography:** Fritz Busam

>> **Area:** 2,346ft²

>> **Dirección:** Oranienburger Strasse 42-43, Berlín, Alemania

>> **Arquitectos:** Plajer & Franz Studio

>> **Fotografías:** Fritz Busam

>> **Superficie:** 218 m²

The Bar Lounge 808 is located in a part of Berlin, where, until the club's opening, small, but interesting businesses run on tight budgets like art galleries, hip clothing stores, cafés, etc. flourished. With Bar Lounge 808, the designers wanted to offer a place for people looking for a 1950's aesthetic, a place that encouraged guests to come dressed appropriately, to have a cocktail, to hark back to another era in which they would have ordered a dry martini.

The club, located on a wedge-shaped corner lot, has large, floor-to-ceiling windows that form the 131-foot façade; therefore the interior is bright and open enough to obtain the luminosity that gives off a 70's aesthetic. In order to obtain this luminosity, the team of designers also used elements that expand the light, such as wood and filigree metal, which provide a weightless, elegant beauty that exudes 1960's.

The triangular space has been divided into two areas: a café-bar at the front, open from midday on, and a cocktail lounge called the Chestnut Room at the back. The lounge is done in golden tones in contrast to the shiny, silver plated café-bar. Both areas are connected by wooden paneling. Subdued lighting has been positioned along the columns dividing the bar counter form the rest of the space.

Lounge 808

El Bar Lounge 808 se encuentra en una zona de Berlín en la que, hasta su aparición, habían proliferado pequeños pero interesantes comercios creados con poco presupuesto, como galerías de arte, tiendas de ropa de moda, cafés, etcétera. El local apareció con el deseo de ofrecer un lugar a aquellos que ansiaban un espacio de estética de los cincuenta, que hiciera a la gente vestirse adecuadamente para visitarlo, en donde pudiera tomarse un cóctel y la imaginación viajara a épocas remotas donde consumir martini seco.

El local, que ocupa una superficie en forma de cuña en una esquina, posee amplias ventanas que van de techo a suelo y que forman una fachada de vidrio de 40 m, por ello el interior es lo suficientemente diáfano y abierto como para conseguir la luminosidad que desprende la estética de los setenta. Para obtener esta luminosidad, además, el equipo de diseñadores se ha ayudado de elementos que expanden la luz, como madera y metal afiligranado, que aportan la belleza ligera y elegante que siempre da la estética de los sesenta.

La forma triangular del espacio se ha dividido en dos áreas: un café bar ubicado en la parte frontal del local, abierto desde el mediodía, y un lounge cóctel llamado la Habitación Castaña y ubicada en la parte trasera del establecimiento; en su diseño se han utilizado tonos dorados, en contraste con los tonos plateados y brillantes del café bar. Ambos espacios se encuentran temáticamente conectados entre sí mediante paneles de madera. Las columnas que dividen el área de la barra del bar y las mesas se han aprovechado como espacios en donde colocar puntos de luz indirecta.

Wood paneling is used to form
continuity between these two
very different spaces.

Para conseguir continuidad
y uniformidad en los dos espacios
del local —muy diferentes entre sí—,
éstos se han conectado temáticamente
mediante los paneles de madera
de las paredes.

The ample façade with large
windows can open in the summer to
create a sidewalk café.
The curtains hang from openings
behind the wooden paneling.

La amplia fachada con cristaleras
puede abrirse en verano y
aprovecharse
el pavimento exterior como terraza:
las cortinas se sujetan en unas
aberturas practicadas detrás de los
paneles de madera.

156

>> Nomads

AMSTERDAM, NETHERLANDS

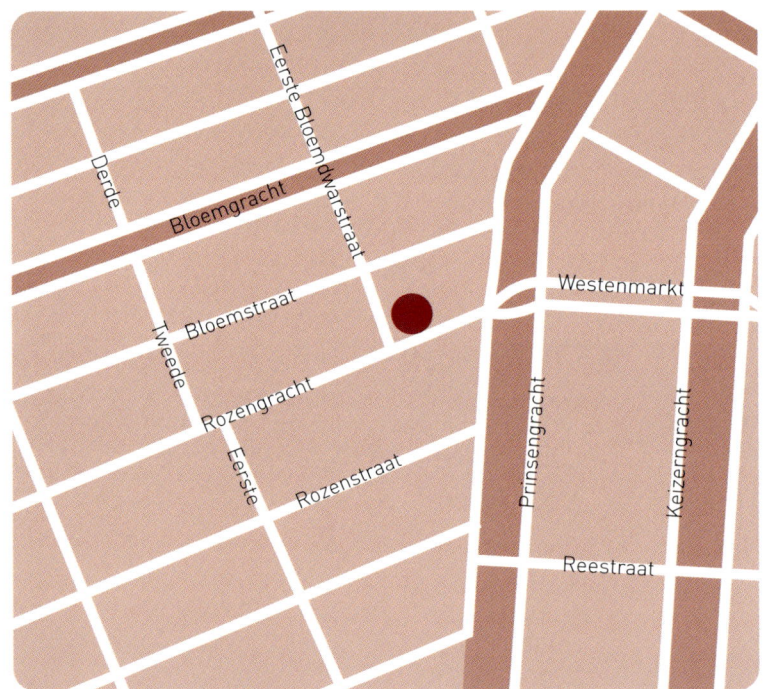

AMSTERDAM, PAÍSES BAJOS

>> **Address:** Rozengracht 133, Amsterdam, Netherlands

>> **Architects:** Concrete Architectural Associates

>> **Photography:** Concrete Architectural Associates

>> **Area:** 4,842ft²

>> **Dirección:** Rozengracht 133, Amsterdam, Países Bajos

>> **Arquitectos:** Concrete Architectural Associates

>> **Fotografías:** Concrete Architectural Associates

>> **Superficie:** 450 m²

Nomads

Nomads is right in the heart of downtown Amsterdam in an area full of fashionable shops and pubs. It gets an influx of clientele heading to tourist sights or cultural activities. The building where Nomads is located has been renovated in order to house offices and nightclubs. All the action takes place on the second floor, which is accessed through the only door and this causes all kinds of intentional confusion as people leave, since the visibility is limited and that one door quite hard to find. The club has four different areas where you can drink, dance and eat.

Different types of lighting are used in the design. In the restaurant, handmade Moroccan lampshades provide a diffuse, mystic lighting. On the walls, the lights are computer controlled.

Nomads' color range—reds, browns and golden tones— is inspired by 1001 Nights, producing an Arabian-Nights-like, mystic, Oriental feel. The colors in the bar, however, are lighter in order to distinguish it from the rest of the space. A poem written in Arabic covers the mirrors along the outside walls.

There are no windows in Nomads in order to maintain the feeling of being lost inside the club, a mystic refuge.

El Nomads se ubica en pleno corazón del centro de Amsterdam, en un área repleta de pubs y tiendas dedicadas a la moda, con una afluencia de público abocado a actividades turísticas y culturales.

El edificio que ocupa el Nomads es una construcción ya existente a la que se ha dado una nueva función: oficinas y espacios dedicados al ocio nocturno. Todas las actividades del Nomads se desarrollan en la primera planta, a la que se accede por una única puerta que provoca una intencionada confusión en la salida, pues la visibilidad es escasa y encontrarla es difícil. El local se encuentra dividido en cuatro espacios, en los que es posible disfrutar del bar, bailar o comer.

En el diseño se han utilizado variados juegos de luces. En los diferentes apartados del restaurante se instalaron portalámparas marroquíes elaborados a mano que crean una iluminación difusa y mística. En las paredes, en cambio, se ha empleado un sistema de luces controlado por ordenador.

La gama de colores del Nomads está inspirada en los cuentos de "Las mil y una noches", todo tiene el aspecto de las noches de Arabia y de la mística oriental: rojos, marrones y dorados. No obstante, las tonalidades del bar son más claras que en el resto del espacio, para separar los ambientes. Las paredes se encuentran recubiertas de espejos, donde se ha escrito un poema en árabe. Con la idea de ayudar a mantener la sensación de desorientación en el local y de refugio místico, no existen ventanas en el Nomads.

The decorating is inspired by the
nomadic Bedouin culture. The low
seats, upholstered in exotic
prints, simulate the divans found
in the traditional Muslim world.

La decoración del local se ha
inspirado en la cultura nómada de
algunos países árabes. Los asientos
bajos, y recubiertos con tejidos
de dibujos exóticos, simulan
los divanes tradicionales del
mundo musulmán.

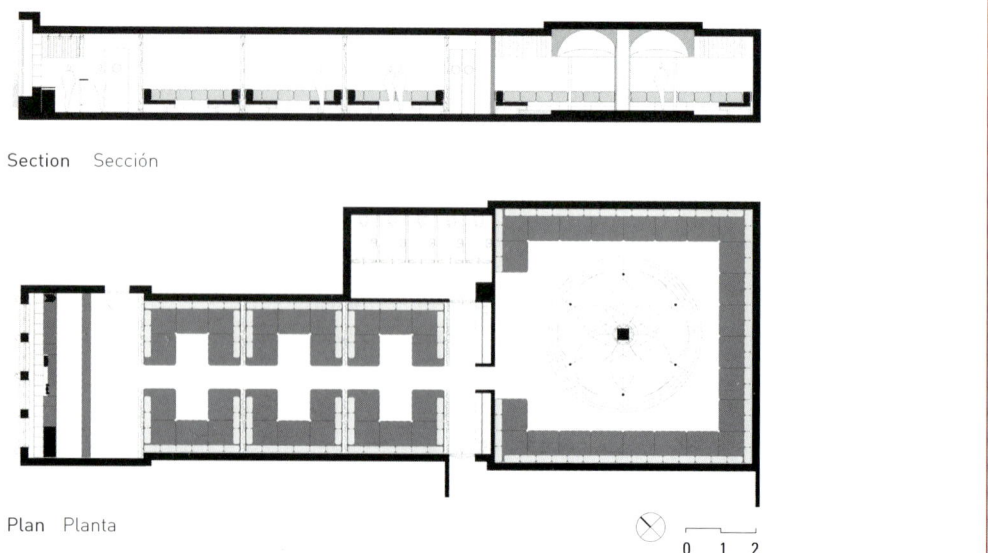

Section   Sección

Plan   Planta

0   1   2

162

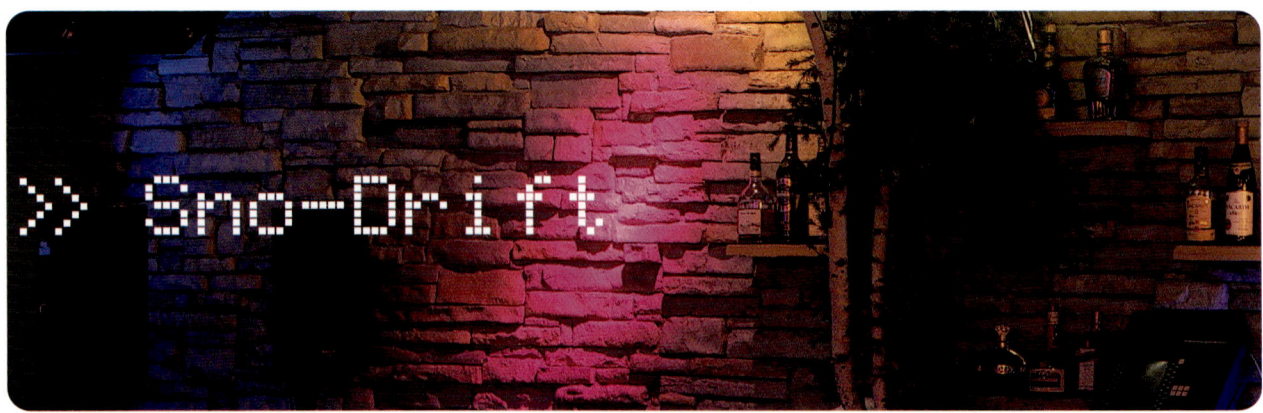

>> Sno-Drift

6th St
3rd St
China Basin St
16th St
Pennsylvania Ave
17th St
18th St
19th St
20th St
Illinois St
Indiana St
Minnesota St
Tennessee St
3rd St

SAN FRANCISCO
BAY

SAN FRANCISCO, USA

SAN FRANCISCO, EE.UU.

>> **Address:** 1830 3rd Street, San Francisco, USA

>> **Architects:** Charles Doell & Craige Walters

>> **Photography:** Tatiana Brockmann

>> **Area:** 21,315ft²

>> **Dirección:** 1830 3rd Street, San Francisco, Estados Unidos

>> **Arquitectos:** Charles Doell & Craige Walters

>> **Fotografías:** Tatiana Brockmann

>> **Superficie:** 1.981 m²

Sno-Drift, the first of the Sno-Bars, is located south of Pac Bell in an area of urban renewal in San Francisco's Mission district, which this establishment has helped to revitalize.

The club is a mixture of styles that combines glamour and kitsch and creates a new aesthetic we might call Sno-Chic with Alpine elements like the fawn and fireplace in the bar. The design aims to create a comfortable environment where the client feels wrapped up in an ambience that exudes positive feelings.

The club is divided into two interconnected areas: on one side, a curved bar that provides sensuality with its sultry shapes, on the other side, a restaurant with the same design.

The two areas are unified by the theatrical lighting: the lights complete the dramatic mountain-like scenery distributed throughout the space. The tones are warm reds for the most part, combined with blue tones in order to achieve the contrast between warm kitsch and frosty glamour.

The lighting helps to create different atmospheres and is used in the lobby and corridors and also creates spatial unity. The blue tones that simulate snow stand out.

Video projections on the walls reinforce the dramatic elements of the lighting and strengthen the theatricality of the club.

Sno-Drift

El Sno-Drift de San Francisco es el primero de la cadena de Sno-Bar y se halla localizado al sur del parque Pac Bell, en el nuevo proyecto de recuperación urbana de la zona de Mision Bay, a la cual este establecimiento ha ayudado a revitalizar.

El local es una mezcla de estilos que combina el glamour y lo kitsch, y crea una nueva estética que, formalmente, puede ser descrita como Sno-Chic, con elementos alpinos como el cervatillo y la chimenea instalados en el bar. El objetivo del diseño es crear un clima de comodidad y de bienestar, en el que el cliente se sienta arropado por una atmósfera que destila sensaciones positivas. El local se divide en dos áreas, las cuales pueden interactuar entre sí. Por un lado, un bar de barra curvilínea y que aporta sensualidad gracias a sus sinuosas formas. Por otro, una área dedicada a restaurante, de idéntico diseño al bar. Los dos ambientes se unifican gracias a un juego de luces que aporta teatralidad al espacio: la iluminación ayuda a completar los escenarios alpinos o dramáticos que se distribuyen por el local. Los tonos con los que se consigue este efecto son el rojo y los colores cálidos en general, combinados con tonalidades azuladas para conseguir el contraste entre el cálido kitsch y el frío glamour.

La luz contribuye a la creación de atmósferas diferentes, recurso que se aplica también en el vestíbulo y en los pasillos, de manera que se consigue una unidad espacial.

Además, las videoproyecciones de las paredes refuerzan los elementos dramáticos del juego de luces y complementan, potenciándola, la sensación de teatralidad del local.

The artificial snow sprinkled on
the white leather-lined bar
counter, along with the fawn and
fireplace help make the place
feel like an Alpine ski lodge.

La nieve artificial de la barra
del bar, el cuero blanco con
que se ha sido forrada junto al
cervatillo y la chimenea ayudan a
crear un contexto de refugio alpino.

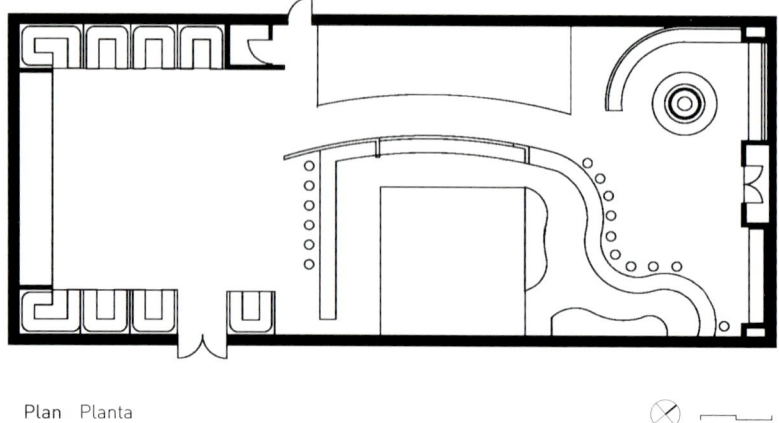

Plan   Planta

0   1   2

168

>> 35° Fahrenheit

GENEVA, SWITZERLAND

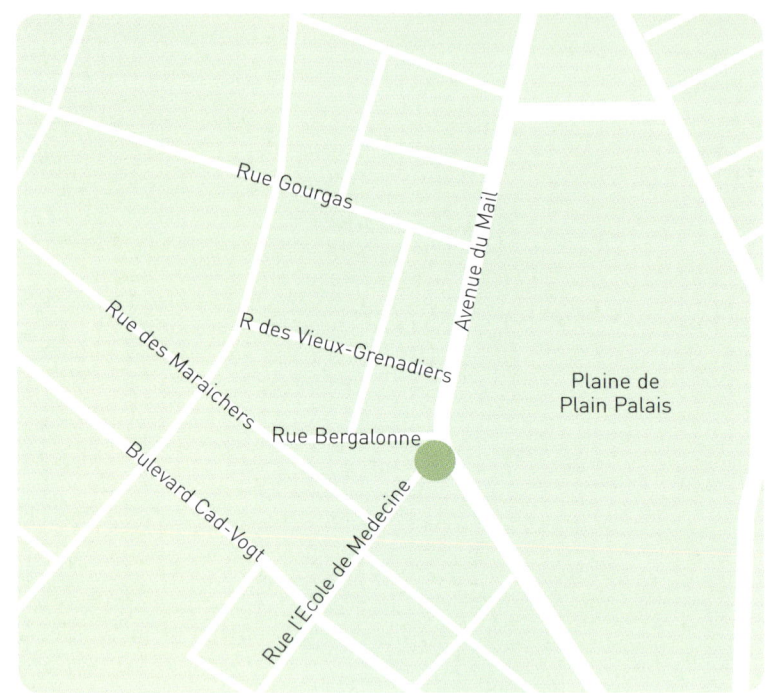

Rue Gourgas

Avenue du Mail

R des Vieux-Grenadiers

Rue des Maraichers

Plaine de
Plain Palais

Rue Bergalonne

Bulevard Cad-Vogt

Rue l'Ecole de Medecine

GINEBRA, SUIZA

>> **Address:** Rue des Vieux-Grenadiers 10, Geneva, Switzerland

>> **Architects:** Atelier Oï

>> **Photography:** Yves André

>> **Area:** 452ft²

>> **Dirección:** Rue des Vieux-Grenadiers 10, Ginebra, Suiza

>> **Arquitectos:** Atelier Oï

>> **Fotografías:** Yves André

>> **Superficie:** 42 m²

Atelier Oï's work always attempts to blur the lines between different disciplines. In Geneva's 35° Fahrenheit, the boundaries between different fields have been broken in order to create continuity among them.

Despite its small size, the place feels big due to the use of open, interconnected spaces. The area is divided into two sections separated by large glass panels, partitions that divide without breaking continuity. The bar takes up the entire length of one of the walls and a space reserved for seating runs along the front of the bar counter.

On the whole, horizontal lines dominate creating a feeling of spaciousness: armchairs, tables and the bar itself trick people into thinking the place is bigger than it is. To counterbalance, some circular armchairs give equilibrium to the set of geometrical furnishings.

Some walls are sparse, with just a coat of cool colors while others have been wallpapered in warm tones; this way the tones balance out.

The futurist design makes the club atemporal: shapes that hark back to the 70's and also venture into the future combine in order to offer a new aesthetic language. Orange and red tones make for a warm atmosphere but are counteracted by cooler greens and whites, balancing out hot and cold.

35° Fahrenheit

El trabajo de Atelier Oï se caracteriza por un constante deseo de traspasar los límites establecidos entre las diferentes disciplinas. En el 35⁰ Fahrenheit, de Ginebra, se han borrado las fronteras entre los distintos campos para crear una continuidad entre ellos.

A pesar de la reducida superficie del local, el efecto conseguido es de gran amplitud debido al uso de espacios abiertos e interrelacionados. La superficie total se ha dividido en dos áreas separadas entre sí por grandes paneles de vidrio que seccionan los dos ambientes pero que ópticamente crean continuidad: por un lado, la barra del bar ocupa, longitudinalmente, una de las paredes; por otro, el espacio reservado a asientos se extiende en la parte frontal a la barra. En conjunto, predominan las líneas horizontales, las cuales generan una sensación de amplitud: sillones, mesas y la misma barra engañan a los sentidos en conquista de más metros de superficie. Como contrapunto, unos sillones circulares equilibran el juego de formas geométricas. Algunas de las paredes conservan la desnudez, con una capa de pintura de tonos fríos, y otras han sido empapeladas en tonos cálidos; de este modo se equilibran las tonalidades.

El futurista diseño aporta intemporalidad al local: formas que recrean los sesenta y que investigan en el futuro se combinan para ofrecer un nuevo lenguaje estético. Los tonos que predominan en el mobiliario –mediante los cuales se genera una cálida atmósfera– son los naranjas, rojos, verdes y blancos; los colores cálidos se ven contrarrestados por los tonos blancos y verdes, equilibrando lo frío y lo caliente.

The Atelier Oï design team
undertakes their projects from an
intuitive and emotional
relationship with the substance
and material,
so in their work architectonic
conventionalisms are few and
far between.

El equipo de diseñadores de
Atelier Oï acomete sus proyectos
desde la relación intuitiva y
emocional con la sustancia y la
materia, por ello sus espacios
carecen de convencionalismos
arquitectónicos.

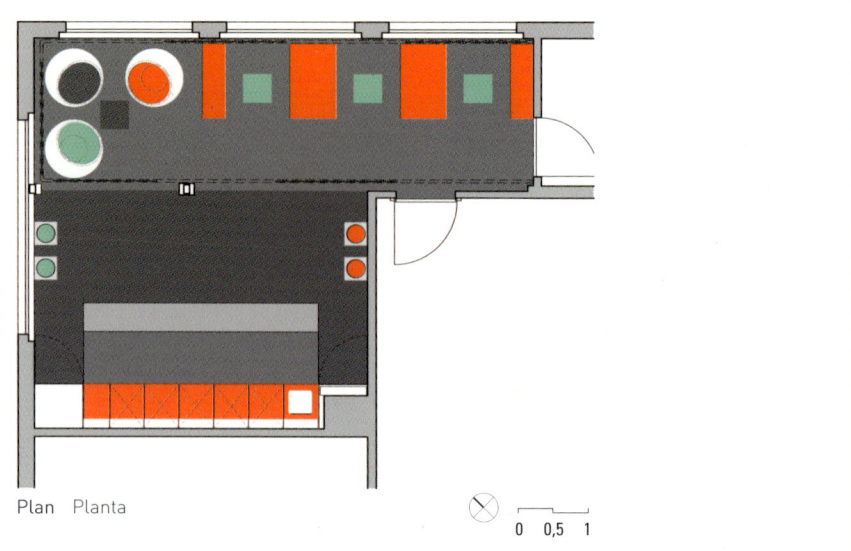

Plan   Planta

0   0,5   1

COOL IT

174

>> FFour

MELBOURNE, AUSTRALIA

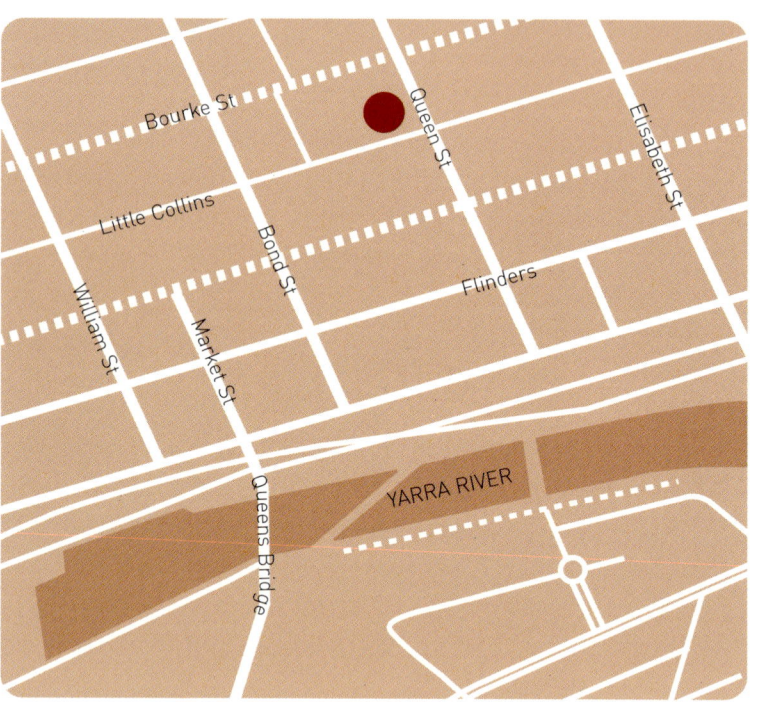

Bourke St
Little Collins
Queen St
Elisabeth St
Bond St
Flinders
William St
Market St
Queens Bridge
YARRA RIVER

MELBOURNE, AUSTRALIA

>> Address: 318-322 Little Collins Street, Melbourne, Australia

>> Interior Designer: Playground

>> Photography: Derek Swallwell

>> Area: 5,111ft²

>> Dirección: 318-322 Little Collins Street, Melbourne, Australia

>> Interiorista: Playground

>> Fotografías: Derek Swallwell

>> Superficie: 475 m²

The design of FFour combines the influences of Bauhaus and Russian Constructivism with a contemporary interpretation of MC Escher in order to meet its main objective: originality.

The architectural approach is instinctive and experimental; some of the techniques used are repetition, perspective and unity. The space is shaped like a symmetrical diamond with a convex roof; the walls are angled, the floor and ceiling meet to form a false perspective. The triangular spaces are defined by a webbing of steel springs that wraps around the place like fabric; each segment is joined by wood, concrete or glass, depending on the function the area serves. One of the architects' goals was to create movement through the structure.

In this connection to Bauhaus and Russian Constructivism, the elements reflect not just their form but their function: for example, a chair is an object where you can seat but also a sculpture in its own right.

The place was planned practically, to be used during the day and at night and to adapt to the needs of the clients. The bar is located right in the middle so it is easy to get in line and get served.

The materials are, for the most part, organic and unpolished and they reflect the longevity and sustainability of the establishment. This also relates to the Bauhaus use of solid, innovative materials and to the Russian Constructivists' use of untreated materials.

FFour

El diseño del FFour combina la influencia de la escuela Bauhaus y el constructivismo ruso con una interpretación contemporánea del trabajo de M. C. Escher, para llegar al objetivo principal: la originalidad.

La aproximación a la arquitectura es instintiva y experimental, algunos de los recursos utilizados son la repetición, la perspectiva y la unidad. El espacio adquiere la forma de un diamante simétrico de techo convexo; las paredes en ángulo, el techo y el suelo convergen en un punto focal y crean una falsa perspectiva. Los espacios triangulares son definidos por resortes de acero que envuelven el volumen como un tejido; cada segmento ha sido unido con madera, hormigón o vidrio, según la función de cada área. Otro de los objetivos ha sido crear movimiento mediante la estructura.

En esta conexión entre corrientes estéticas diversas, los elementos empleados reflejan no sólo su forma, sino también su función; por ejemplo, una silla es un objeto donde sentarse, pero también una escultura en sí misma.

El espacio ha sido pensado desde la funcionalidad para ser usado tanto de noche como de día y para que se adapte a las necesidades de los clientes, por ello la barra del bar se ha ubicado en la parte central del local.

Los materiales empleados son, sobre todo, orgánicos y carentes de pulido, de forma que reflejan la longevidad y la sostenibilidad del aspecto de general del establecimiento. Esto conecta también con el uso que la Bauhaus hacía de materiales sólidos e innovadores y con el empleo que daban los constructivistas rusos a los materiales no tratados.

The use of organic, unpolished
materials like wood, leather,
glass, stone and metal provide
a feeling of longevity and
continuity.

El empleo de materiales orgánicos
y sin pulir como la madera, el
cuero, el vidrio, la piedra y
el metal dota al local de una
sensación de longevidad
y continuidad.

182

>> Bar S:Pie

BARCELONA, SPAIN

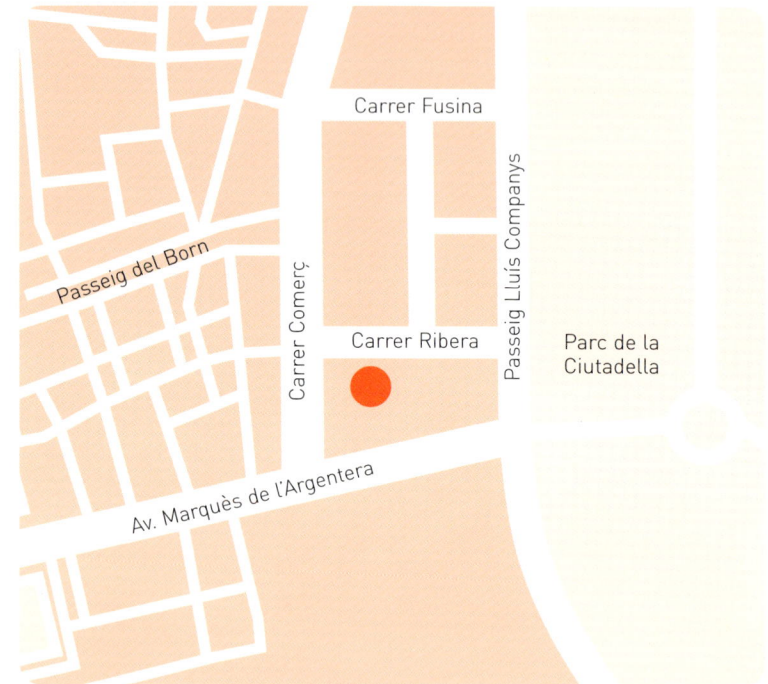

Carrer Fusina

Passeig del Born

Carrer Comerç

Carrer Ribera

Passeig Lluís Companys

Parc de la Ciutadella

Av. Marquès de l'Argentera

BARCELONA, ESPAÑA

>> **Address:** Ribera 10, Barcelona, Spain

>> **Designers:** Rafael Tamborero, José Luis López

>> **Photography:** Pep Escoda

>> **Area:** 4,584ft²

>> **Dirección:** Ribera 10, Barcelona, España

>> **Diseñadores:** Rafael Tamborero, José Luis López

>> **Fotografías:** Pep Escoda

>> **Superficie:** 426 m²

Located in the Born, one of the new hip areas for nightlife in Barcelona, S:Pic mixes ingredients from all different origins in its clientele as well as in the interior decorating. The four defining elements are the decorating, cooking, staff and music; they all share the concept of variety.

The club is divided into two floors: on the first floor the bar, on the second the restaurant. On the first floor the original stone walls have been restored; here images and compositions can be displayed to suit the decorative theme for a specific occasion.

The decorating is based on the mix of movement, from a metaphorical perspective as well as spatially, where transit is made easy and the different spaces connect with one another. Cutting-edge and hip, S:Pic wants to explore and experiment with new aesthetics.

The colors are pure, intense and warm; tones like fuchsia and orange make for a comfortable, relaxed ambience. The tables, armchairs, bar counters and other furnishings are minimalist and conceptual. S:Pic has also recycled elements like columns, windows and the entrance itself.

As a complement, house and garage music earn S:Pic a stamp of approval among trendsetters. During dinner ambient music livens up the evening.

Bar S:Pic

Ubicado en el Born, uno de los barrios de Barcelona que más auge ha recobrado en los últimos años como lugar de ocio nocturno, el S:Pic mezcla ingredientes de muy distinta procedencia, tanto en su clientela como en su diseño interior. Los cuatro elementos que definen este local son la decoración, la cocina, el personal y la música; todos ellos comparten el concepto de variedad.

El local se encuentra dividido en dos niveles: en la planta baja se halla el bar y en el primer piso, el restaurante. En el primer nivel se han conservado las paredes de piedra ya existentes, sobre las cuales se proyectan imágenes y composiciones que consiguen crear en el local diferentes ambientes, según la temática diseñada para cada ocasión.

La decoración se ha basado en la mezcla de movimiento, tanto desde una perspectiva metafórica como espacial, en donde se facilita el tránsito por el lugar para conectar entre sí los diferentes espacios. Basada en la vanguardia que incorpora innovación a la última, el S:Pic desea explorar y ensayar nuevas estéticas.

Los colores utilizados son puros, intensos y cálidos; tonos como el fucsia o el naranja ayudan a crear un ambiente cómodo y relajado. Las mesas, los sillones, las barras de bar y el mobiliario en general son de corte minimalista y conceptual. Además, se han utilizado elementos de reciclaje como columnas, cristaleras o la propia entrada.

Como complemento, la música house y garage ayudan a marcar la línea de última moda en la que el S:Pic se inscribe. Durante las comidas, la música ambient ameniza las veladas.

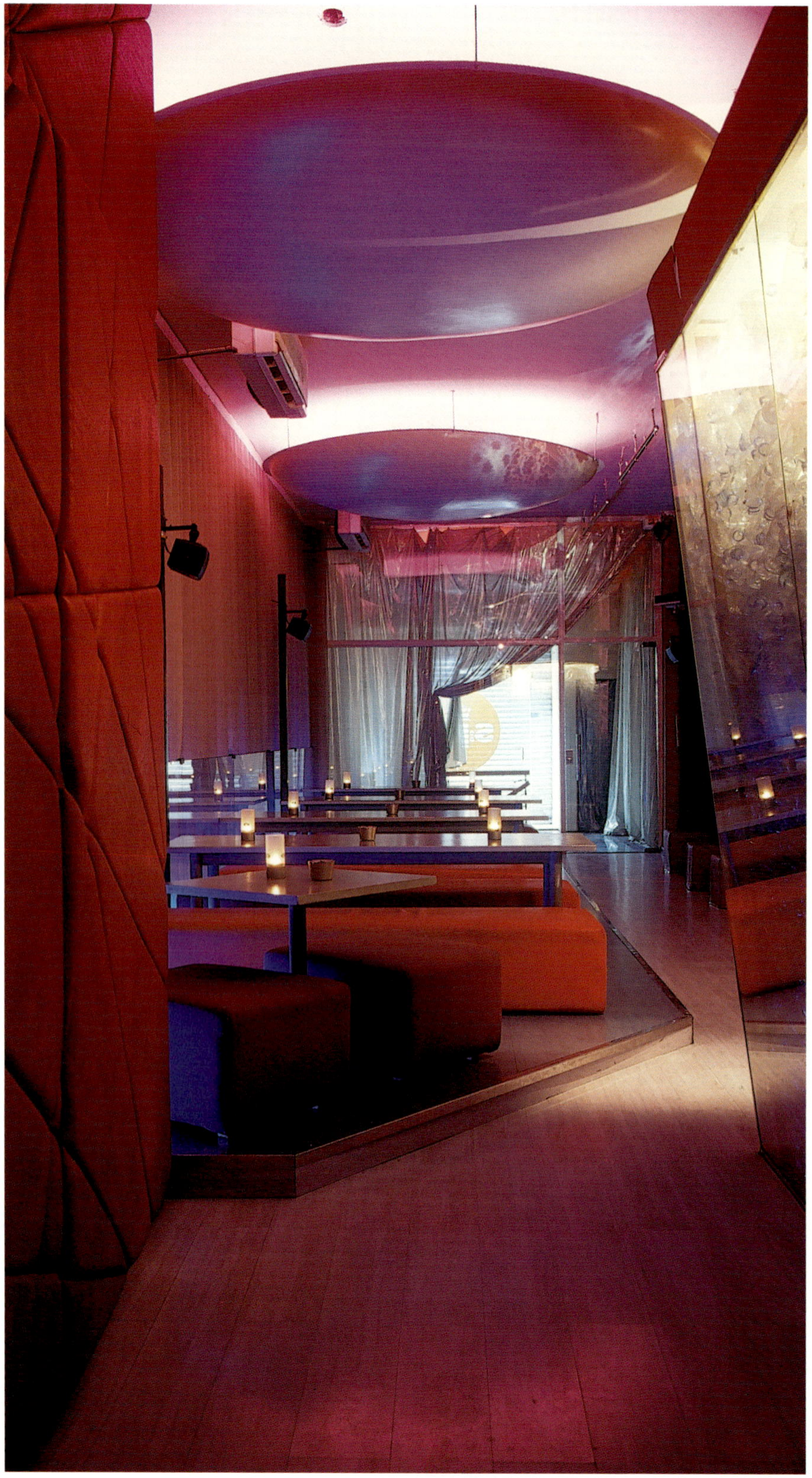

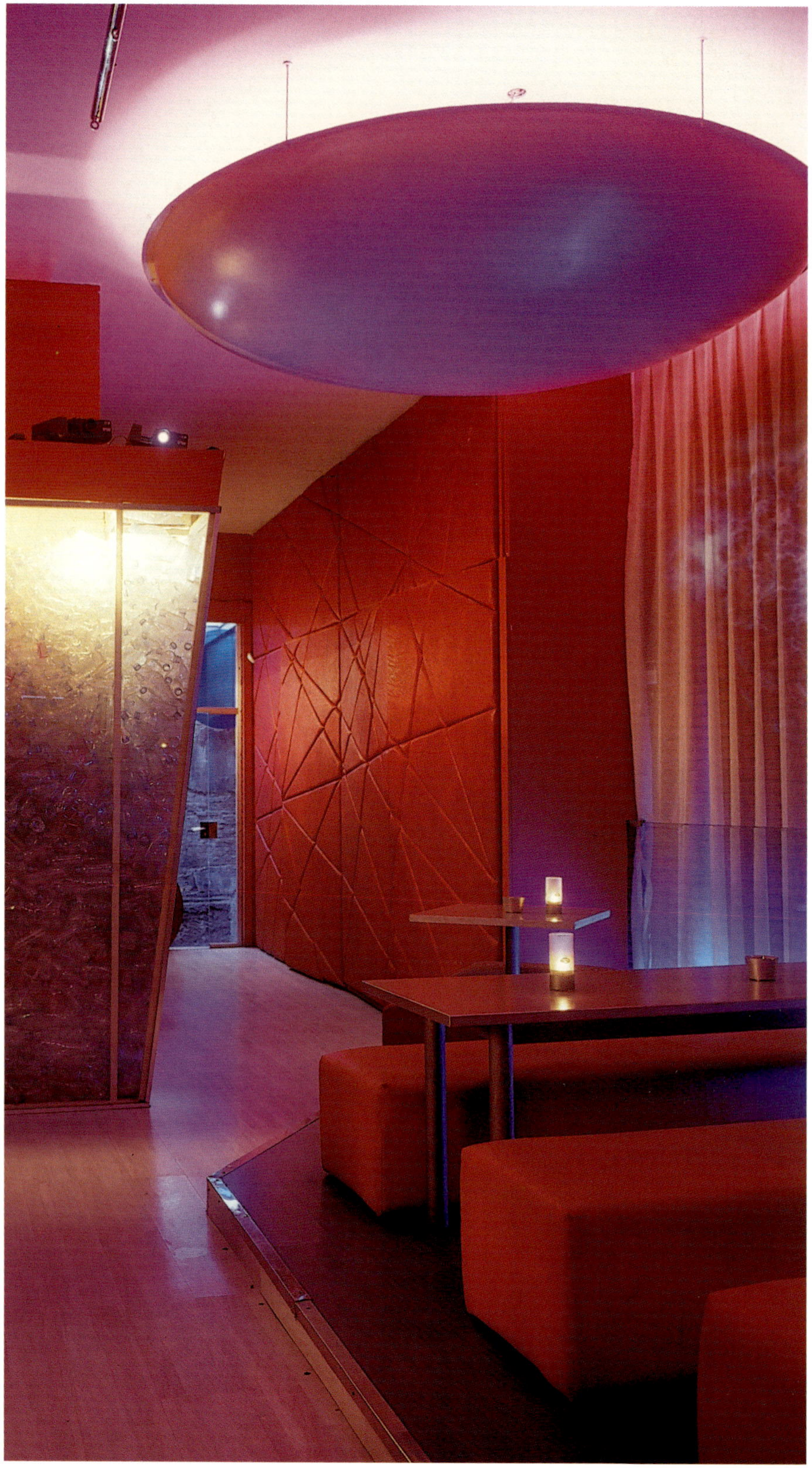

The two spaces that make up
the club share the same design in
the furnishings and space: the
bar is on the first floor,
the restaurant just upstairs.

Las dos zonas que comprenden
el local comparten el mimso
diseño de mobiliario y espacio:
en el planta baja se encuentra
el bar y en el primer
piso, el restaurante.

SALIDA

190

>> Touch

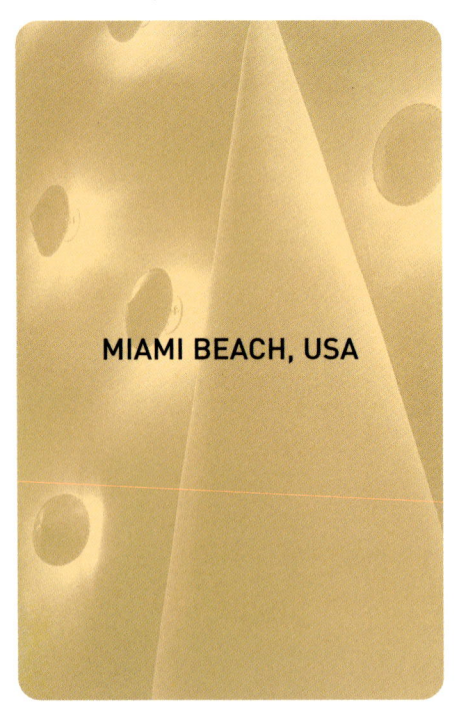

MIAMI BEACH, USA

Dade Blvd

Collins Park

Hank Meyer Blvd

Collins Avenue

ATLANTIC OCEAN

Lincoln Road

Lincoln Ln S

16th St

MIAMI BEACH, EE.UU.

>> **Address:** 910 Licoln Road, Miami Beach, USA

>> **Designer:** Stephane Dupoux

>> **Photography:** Pep Escoda

>> **Area:** 21,315ft²

>> **Dirección:** 910 Licoln Road, Miami Beach, EE.UU.

>> **Diseñador:** Stephane Dupoux

>> **Fotografías:** Pep Escoda

>> **Superficie:** 1.981 m²

The Caribbean context that Miami Beach provides inspires the decorating: lively shapes, thrills of nature and exuberant elegance.

Stephane Dupoux designed the club with upbeat sophistication and theatrical lighting. Both aspects provide elaborate scenery that combines fun and elegance.

Tapestries hanging from the ceilings, luxurious benches and the smooth leather, silk and velvet surfaces are absolutely sumptuous and laid back. The feature piece is a bar wrapped in an ethereal light, located within a 20-foot-tall structure of fossilized palms. This piece emphasizes the height of the space as well as exoticism and fantasy.

In order to enhance the theatricality of Touch´s design Oriental-style dancers, flame throwers, acrobats and drummers travel from room to room livening up the atmosphere.

Brown and gold are combined to create comfort and intimacy, with glimmers of green for the palm leaves, blue for certain landscapes and fuchsia for decorative elements like the majestic rocker with tassels near the bar.

The tapestries hanging from the ceiling add volume and perspective to the space. The floors are covered with exotic rugs that add to the feeling of comfort and fantasy.

Touch

El contexto caribeño que Miami Beach ofrece a este local sirve de inspiración en su decoración: formas afiladas, exaltación de la naturaleza y elegancia en la exuberancia.

El diseño es obra de Stephane Dupoux, quien ha dotado al local de una lúdica sofisticación en combinación con un teatral juego de luces. Ambos aspectos dan como resultado un decorado repleto de exceso pero que aúna diversión y elegancia.

Los techos con telas colgantes, los lujosos bancos y las superficies de cuero liso, seda y terciopelo otorgan a la decoración suntuosidad y desenfado. La pieza principal de la habitación es un bar envuelto por una etérea luz, ubicado en una estructura de palmeras petrificadas de seis metros de altitud, gracias a lo cual se intensifica la sensación de altura del espacio y el exotismo y fantasía de la atmósfera.

Para realzar la teatralidad del diseño del Touch, bailarinas de danzas orientales, lanzadores de llamas, acróbatas y percusionistas transitan por el local animando el ambiente.

Los tonos empleados combinan los colores marrones y dorados para crear comodidad e intimidad, con destellos de verdes para las hojas de las palmeras, azules para algunos paisajes y fucsias para elementos decorativos como el majestuoso balancín con borlas ubicado cerca de la barra.

Por otro lado, las telas que penden del techo aportan volumen y perspectiva al espacio. Los suelos han sido cubiertos con exóticas alfombras, con lo cual se complementa la sensación de comodidad y fantasía.

On the walls, lamps,
with little parasols, provide
subdued lighting and transform
into decorative objects.

En las paredes del local se han
instalado lámparas de luz indirecta
que, al tener incorporada una
pequeña sombrilla, también se
convierten en elementos
ornamentales.

The atmosphere is a mix of
Oriental exoticism and tropical
exuberance: Caribbean vegetation
along with Oriental rugs and
performances.

La atmósfera es una mezcla entre
exotismo oriental y exuberancia
tropical: vegetación del Caribe
junto a alfombras y espectáculos
orientales.

196

>> Sayaka

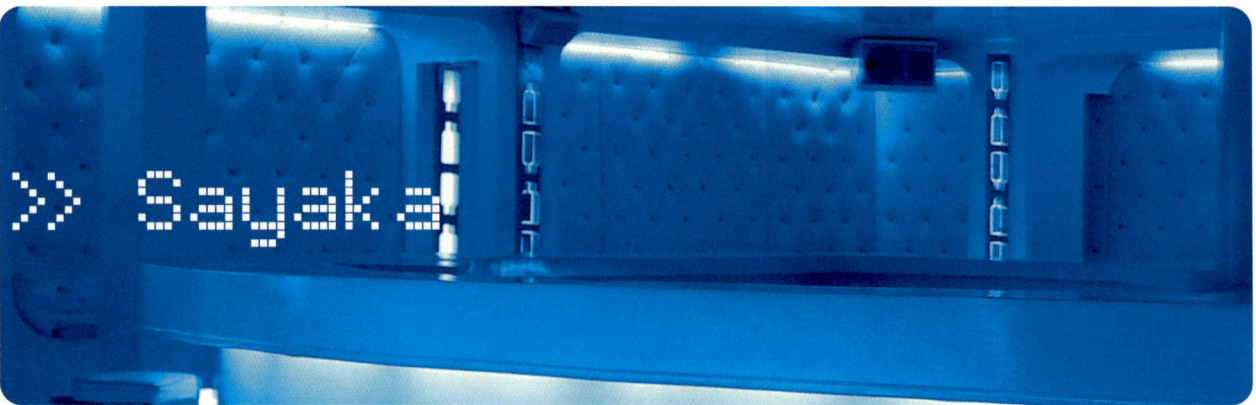

BOGOTÁ, COLOMBIA

Polo Club
La Cabrera
Aut. Norte
El Retiro 02
Av. Caracas
El Retiro
El Lago
Av 15
Rosales
La Porcincula
Bellavista

BOGOTÁ, COLOMBIA

>> **Address:** Calle 80, n.º 11-16, Bogotá, Colombia

>> **Designers:** Giovanny Bautista, Tino Restrepo, Mario Roa, Andrés Casallas

>> **Photography:** Alejandro Bahamón, Paula Galarza

>> **Area:** 2,690ft²

>> **Dirección:** Calle 80, n.º 11-16, Bogotá, Colombia

>> **Diseñador:** Giovanny Bautista, Tino Restrepo, Mario Roa, Andrés Casallas

>> **Fotografías:** Alejandro Bahamón, Paula Galarza

>> **Superficie:** 250 m²

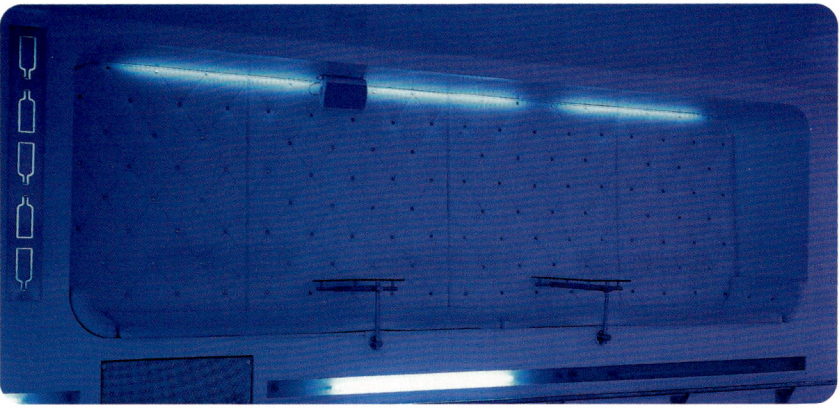

The Sayaka is a new space in the city of Bogotá, Colombia, an urban environment brimming with contradictions and in a constant state of change. The project takes this reality as its point of origin and sets out to create two different spaces. The locale thus divides into two surfaces: an interior and an exterior one, the second of which is on the building's terrace, which is accessed by an interior stairway. The aim here is to offer two types of ambiences in a single locale; hence, both spaces contrast in their function at least if not in their underlying concept. And in both cases, interior and exterior, maximum use is made of the building's location, immediately in front of an extensive green zone and with a panoramic view of the hills to the east.

The lower surface has been done in cold, neutral tones: metalizad blues, whites... in short, a nightclub setting. Notable in this space are the windows that look onto the street and interface exterior with interior, a kind of preamble to the terrace. The bar counter has been given a central position, dominating the space, essentially, and installed along the walls are cushioned benches that add a futuristic touch.

The inside stairway joining the lower space to the upper is a functional metal structure provided with decorative elements and softly lighted in the same blue and white tones as the interior.

The upper level is a terrace bar and chill out space. It is here that the colors grow warmer, wooden tones of chestnut and beiges, because of the natural environment. But the terrace combines wood with metal and plastic, thus linking the artful elements of a bar with the natural ones of its location.

Sayaka

El Sayaka es un nuevo espacio de la ciudad de Bogotá, una urbe repleta de contradicciones y en constante mutación. El proyecto toma como punto de partida esta realidad y plantea dos espacios diferentes. El local se divide en dos superficies: una interior y otra exterior que se encuentra en la terraza del edificio, a la cual se accede por una escalera interior. El objetivo se centró en ofrecer dos tipos de ambiente en un mismo local, por lo cual ambos espacios contrastan en su uso, aunque no en su concepto. En ambos casos, tanto el interior como el exterior sacan el mayor partido de la localización del edificio, justo frente a una amplia zona verde y con una panorámica de los cerros orientales. La superficie inferior se ha ambientado con tonos neutros y fríos: azules, metalizados y blancos aportan una atmósfera de bar nocturno. En este espacio destacan las cristaleras que se abren a la calle e integran el exterior en el interior, como un preámbulo de la terraza. La barra del bar se ha situado en un lugar central, dominando el espacio, y en las paredes se han instalado asientos acolchados que aportan un toque futurista.

La escalera interior que conecta la parte inferior y la superior es una funcional estructura de metal desprovista de elementos artificiosos e iluminada suavemente en los mismos tonos azules y blancos del interior.

En la parte superior, la terraza combina bar y chill out. En esta área los tonos son más cálidos -colores madera, marrones y beiges-, en consonancia con un espacio natural. En su decoración, la madera convive con el metal y el plástico de una manera que conjuga el aire artificioso propio de un bar con el ambiente natural en el que se emplaza.

The illumination, which goes some way in defining the space per se, is realized by way of narrow vertical and horizontal bars that diffuse the light: white and blue, with strategically placed spotlights.

La iluminación, que ayuda a definir el espacio, se realiza a través de unas estrechas barras horizontales y verticales que difunden la luz, de tonos blancos y azulados, y de focos ubicados estratégicamente.

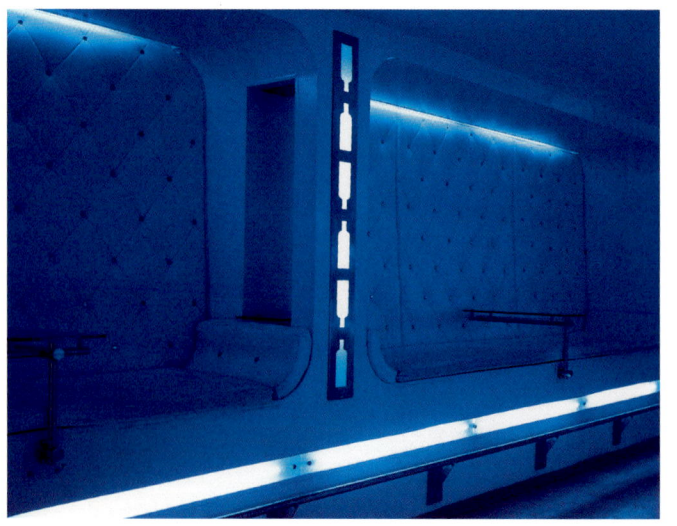

This project emphasizes the
project undertaken some years
ago by this city to improve its
public space and generate a
dynamic urban activity blending
interiors and exteriors.

Este proyecto subraya la apuesta que
desde hace algunos años emprende
esta ciudad por una mayor calidad
de su espacio público y generar una
actividad urbana dinámica entre
espacio interior y exterior.

DETAILS

DETALLES

Tables Mesas

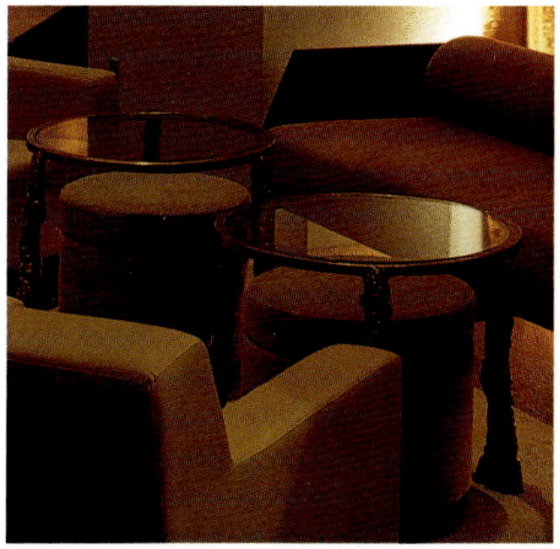
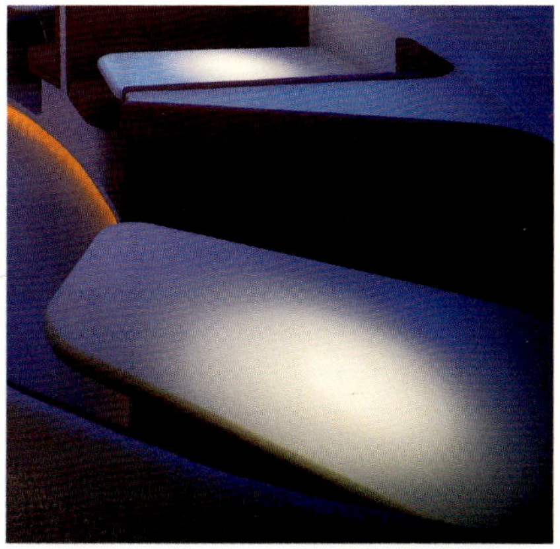
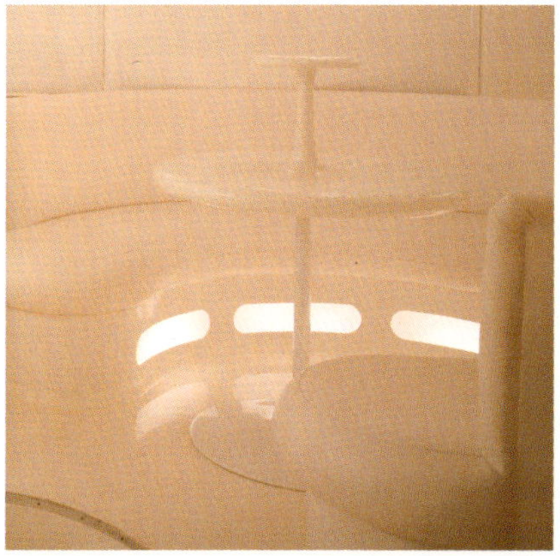
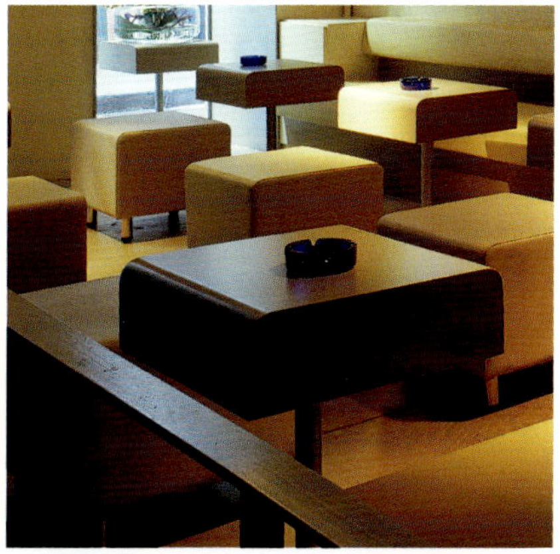
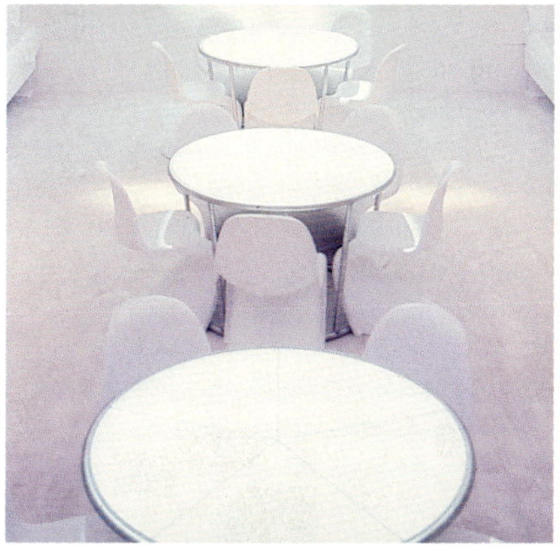
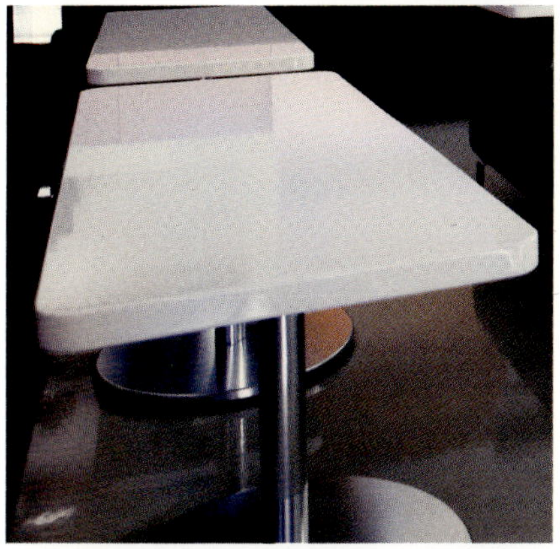
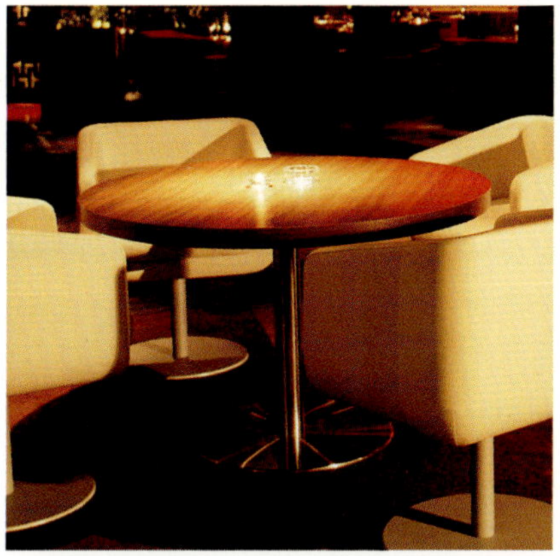
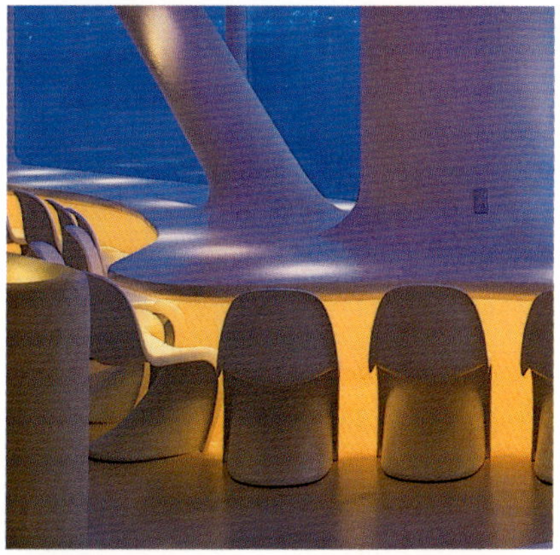
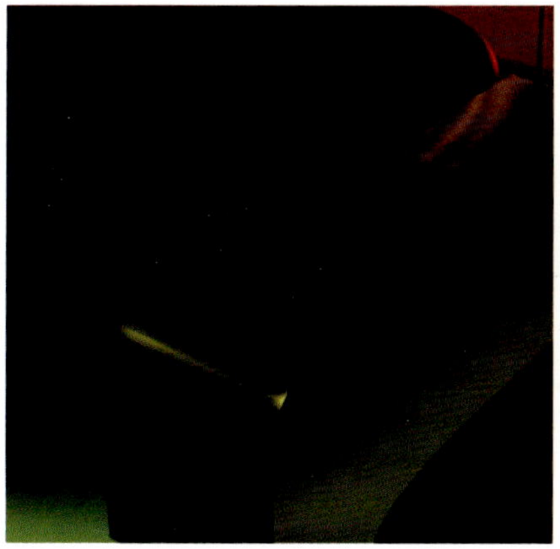
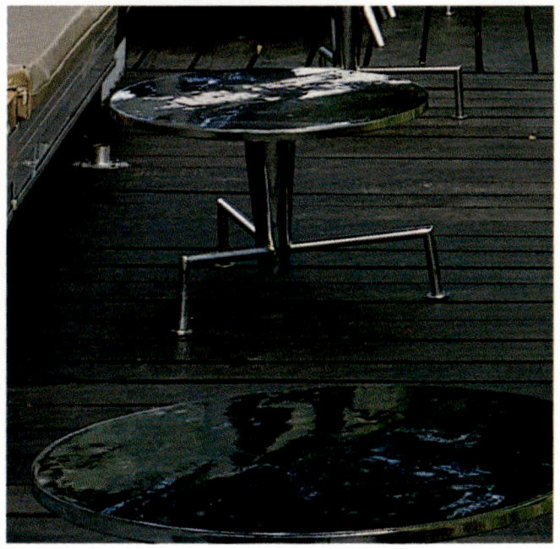
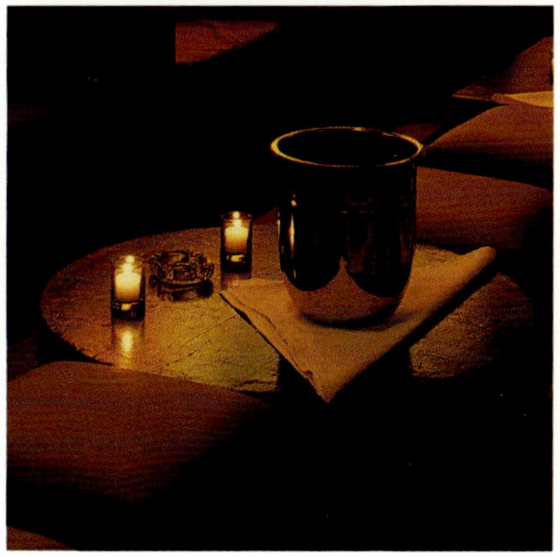
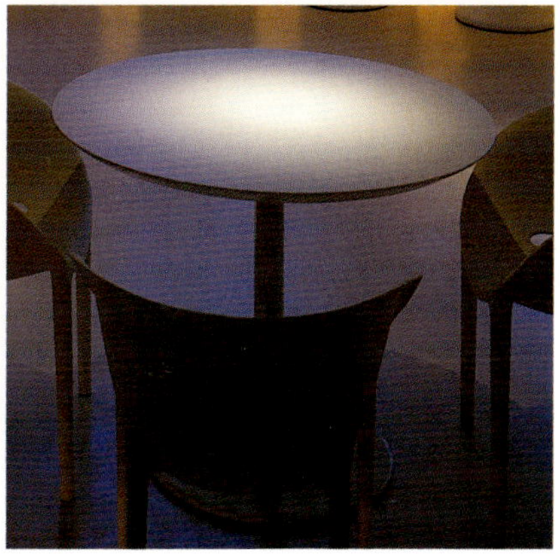

Seats Asientos

Bars Barras

Lighting Iluminación

Textures Texturas

Details Detalles

Prochaine exposition

L'or avec le fer
Les savoir-faire d'Olivier Gagnère

du 25 juin au 7 septembre 2003

s·pic

Otros títulos de la editorial Other titles by the publisher

La Fundición, 15 Polígono Industrial Santa Ana 28529 Rivas-Vaciamadrid Madrid Tel. 34 91 666 50 01 Fax 34 91 301 26 83 asppan@asppan.com www.onlybook.com

Arquitectura de casas
Spectacular Houses
ISBN: (E/GB) 84-89439-18-4

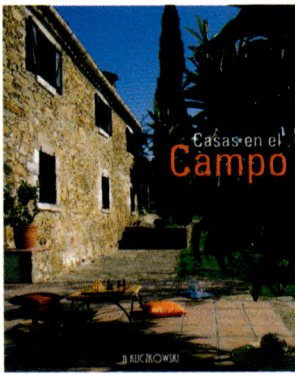

Casas en el campo
Country Homes
ISBN: (E)   84-89439-34-6
ISBN: (GB) 84-89439-35-4

Hoteles exclusivos
ISBN: (E) 84-89439-73-7

Del minimalismo al maximalismo
Do minimalisnmo ao maximalismo
ISBN: (E/P) 84-89439-76-1

Pubs
ISBN: (E/GB) 84-89439-68-0

Refugios junto al mar
ISBN: (E) 84-89439-99-0

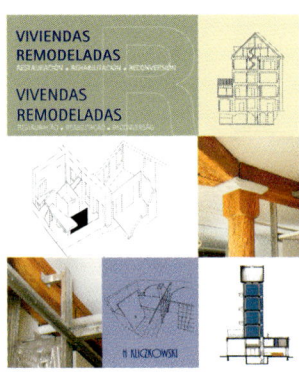

Viviendas remodeladas/
Vivendas remodeladas
ISBN: (E/P) 84-89439-99-0

Cocinas y baños
ISBN: (E) 84-89439-19-2

Piscinas
ISBN: (E) 84-89439-31-1

Estados Unidos de América
ISBN: (E/P) 84-89439-98-2

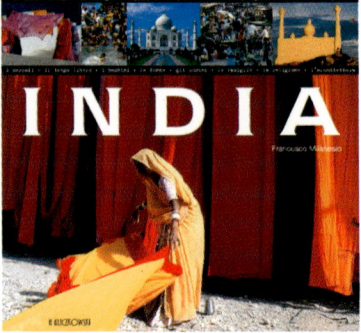

India
ISBN: (E) 84-96048-15-2

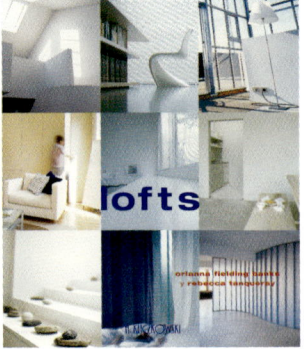

Lofts
ISBN: (E) 84-89439-27-3

C: texto en catalán   E: texto en español   GB: texto en inglés   IT: texto en italiano   D: texto en alemán   P: texto en portugués   J: texto en japonés

www.onlybook.com

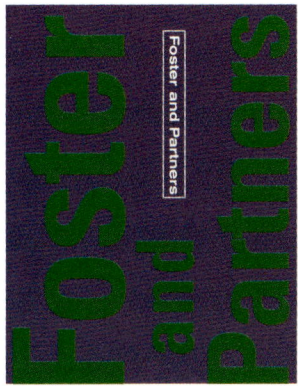

Foster and Partners
ISBN: (E) 84-96048-01-2

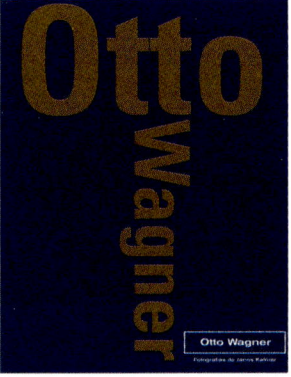

Otto Wagner
ISBN: (E) 84-89439-83-4

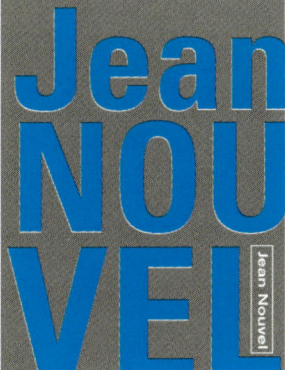

Jean Nouvel
ISBN: (E) 84-96048-00-4

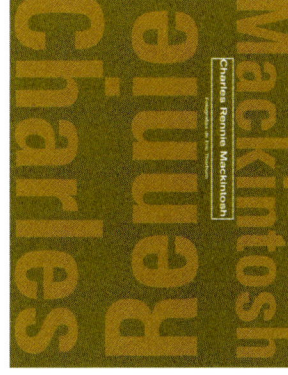

Charles Rennie Mackintosh
ISBN: (E) 84-89439-97-4

Gaudí, arquitectura modernista
en Barcelona/Gaudí, Modernist
Architecture in Barcelona
ISBN: (E) 84-96048-16-0
ISBN: (GB) 84-96048-17-9

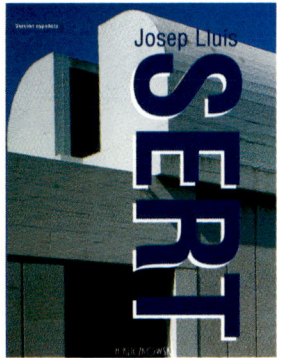

Josep Lluís Sert
ISBN: (E) 84-96048-19-5
ISBN: (GB) 84-96048-24-1

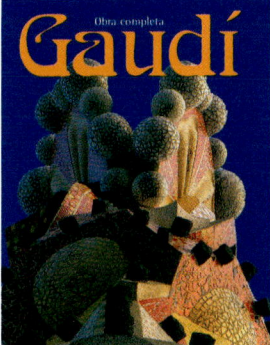

Gaudí. Obra completa
Gaudí. Complete works
ISBN (E):   84-89439-90-7
ISBN (GB): 84-89439-91-5
ISBN (C):   84-96137-29-5
ISBN (F):   84-96048-41-1

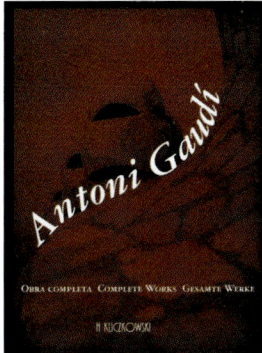

Antoni Gaudí. Obra completa
Antoni Gaudí. Complete Works
Antoni Gaudí. Gesamte Werke
ISBN (E/GB/D): 84-89439-75-3

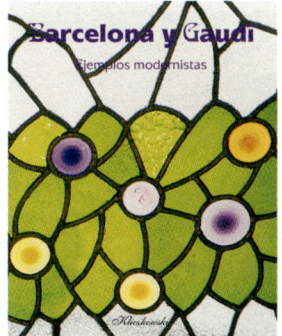

Barcelona y Gaudí. Ejemplos modernistas/
Barcelona and Gaudí. Examples of
modernist architecture
ISBN (E) 84-89439-64-8
ISBN (GB) 84-89439-65-6

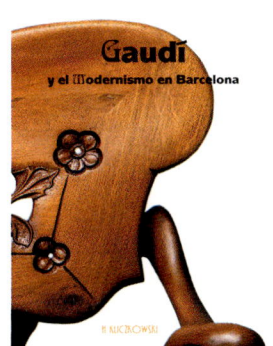

Gaudí y el Modernismo en Barcelona/
Gaudí and Modernism in Barcelona
ISBN (E) 84-89439-50-8
ISBN (GB) 84-89439-51-6

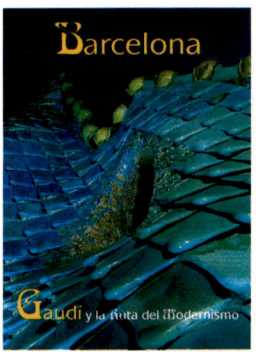

Barcelona, Gaudí y la ruta
del Modernismo
ISBN: (E)   84-89439-50-8
ISBN: (GB) 84-89439-51-6
ISBN: (D)   84-89439-58-3
ISBN: (I)   84-89439-59-1
ISBN: (JP) 84-89439-60-5

Guggenheim
ISBN (E):   84-89439-52-4
ISBN (GB): 84-89439-53-2
ISBN (D):   84-89439-54-0
ISBN (I):   88-80581-83-X
ISBN (P):   84-89439-63-X

Antoni Gaudí-Salvador Dalí
ISBN: (E)   84-89439-37-0
ISBN: (GB) 84-89439-38-9

Josep Lluís Sert-Joan Miró
ISBN: (E)   84-96048-51-9
ISBN: (GB) 84-96048-52-7

Maximalism/Maximalismo
ISBN: (E/GB) 84-96048-50-0

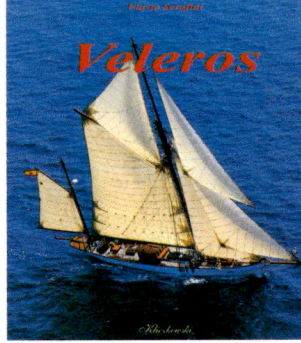

Veleros
ISBN (E): 987-9474-06-6

Cafés. Designer & Design
Cafés. Arquitectura y diseño
ISBN (E/GB): 84-89439-69-9

Restaurantes al aire libre
Open-air Restaurants
ISBN (E/GB): 84-96048-20-9

Madrid
ISBN: (E)   84-89439-88-5
ISBN: (GB) 84-89439-89-3

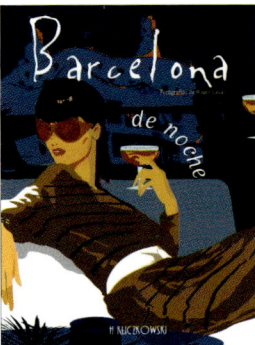

Barcelona de noche
Barcelona by Night
ISBN: (E)   84-89439-71-0
ISBN: (GB) 84-89439-72-9

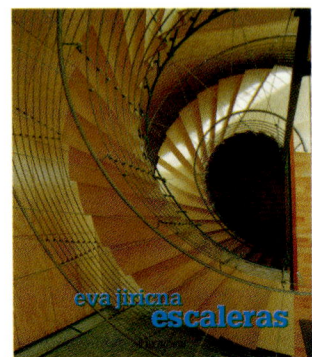

Escaleras
ISBN: (E) 84-89439-26-5

Berlín
ISBN: (E) 84-89439-39-7

Londres
ISBN: (E) 84-89439-41-9

Puentes
ISBN: (E) 84-89439-30-3